Berry Farah

L' histoire des pâtisseries que l'on ne vous a jamais racontée

éditions
vol au vent

©Éditions vol au vent   2024

Dépot légal : Bibliothèque et Archives Nationales du Québec 2024
Dépot légal : Bibliothèque et Archives Canada 2024

ISBN : 978-2-9819997-1-9

Table des matières

Introduction

La quête de la vérité historique n'est-elle pas une utopie ? Certes, les grands événements marquent le temps, mais les raisons de leur naissance sont parfois plus complexes que ne le montrent les faits. L'Histoire laisse rarement des récits objectifs, dénués de toute partialité et sans aucune influence, de ce qui s'est produit. Les observateurs sont toujours sous l'emprise de ce qui les a construits, de ceux qui les ont formés et de leur époque. Malgré toute l'impartialité, que peut être la leur, ils examinent ce qui est arrivé à travers un prisme culturel, social ou idéologique, qui influence leur regard. Restituer le contexte d'alors est donc un exercice périlleux. Cet examen exige une véritable enquête pour comparer les écrits et les récits, et pour s'imprégner d'une époque que l'on doit apprendre à connaître et à habiter. L'Histoire n'est jamais à l'abri d'un rebondissement dû à la découverte de nouveaux documents ou de nouvelles interprétations. L'Histoire est souvent sujette à la controverse, car le consensus n'est pas toujours au rendez-vous. Et s'il est présent, c'est parfois qu'une traduction édulcorée d'une vérité dont tout le monde s'accommode depuis si longtemps qu'on ne peut pas facilement la déboulonner. C'est d'autant plus vrai lorsque le sujet est la gastronomie, et plus particulièrement la pâtisserie et la boulangerie. L'idée, que nous nous sommes faite ou même que se sont faite certains historiens, est fréquemment contestable au regard de ce que les anciens et les observateurs des époques qui nous ont précédés ont écrit. La première fois où j'ai plongé dans les méandres de l'Histoire de la pâtisserie, je me suis aperçu que nous avions une idée souvent galvaudée de la tradition française au détriment d'une réalité plus complexe. Mon travail historique m'a mené à traverser les siècles pour comprendre les variations de la langue française et ses expressions et apprendre les recettes avec minutie pour en saisir leurs fondements afin de les suivre à travers le temps. Ainsi, j'ai pénétré dans la vie quotidienne des Français par les cuisines des grandes maisons de la noblesse et de la bourgeoisie. Que de surprises se sont offertes à moi et combien d'autres m'attendent encore, sachant que les découvertes semblent inépuisables ! À tout moment, un nouvel élément peut enrichir votre savoir ou le questionner, et vous conduire sur de nouvelles routes. Je vous invite à me suivre sur ces chemins pour parcourir plus de deux cents ans d'histoire gourmande.

Vocabulaire

Ce travail historique a été aussi un travail sur la langue pour bien comprendre le sens des mots afin de saisir la nature du propos écrit dans divers ouvrages relatifs à la pâtisserie. La précision des mots est importante dans un travail historique et technologique. Il est essentiel de ne jamais perdre de vue le contexte de l'époque. Il permet de mieux interpréter ce que nous lisons à commencer par les recettes. Leur lecture attentive conduit à établir des filiations avec celles qui ont précédé ou qui ont suivi. Les mots sur lesquels je vais m'attarder ne sont pas nombreux, mais nécessaires pour saisir ce qui vous sera décrit dans cet ouvrage.

Biscuit

Dans les prochaines pages, vous découvrirez l'histoire incroyable du biscuit. La définition du biscuit diffère d'un pays à l'autre. En France, pour le grand public, le biscuit est un produit cassant, mais pour les professionnels de la pâtisserie c'est un produit moelleux que j'ai baptisé biscuit à la française pour éviter la confusion. En Angleterre (biscuit) et en Italie (biscotto), le biscuit est resté un biscuit cassant comme peut-être le petit beurre, le sablé ou le croquet. Aux États-Unis, le biscuit est un type de scone (petit pain). Le biscuit cassant se nomme cookie, sous-entendu hard cookie. Il est important de faire la distinction entre le hard cookie et le soft cookie. Le soft cookie est un biscuit moelleux. C'est le pendant du cookie anglais.

Gâteau

De nos jours, le gâteau est devenu un terme générique pour désigner une pâtisserie. Il est composé le plus généralement d'un biscuit à la française et d'une crème. C'est aussi une de ces préparations modernes réalisées à partir de mousse et de crème, que l'on appelle aussi entremets. Autant le mot gâteau que celui d'entremets ont été détournés de leur sens premier. Cette modification rend donc difficile la compréhension historique de certaines appellations si l'on ne prend pas le temps de se référer à la définition d'origine.

Le terme gâteau désignait tous les produits constitués d'œufs, de beurre et de farine. Ainsi, la brioche fut aussi appelée gâteau de brioche. Les dictionnaires du XIXe siècle désignent la brioche comme un gâteau ou une sorte de pâtisserie. Le terme de gâteau permet de différencier les produits de pâtisserie de ceux de boulangerie qui ne contiennent que de la farine et un liquide. C'est la raison pour laquelle dans le livre La boulangerie d'aujourd'hui (1933) de Félix Dubois, l'auteur fait la distinction entre le croissant du boulanger que l'on peut considérer comme une pâte à pain feuilleté et le croissant du pâtissier qui s'apparente à une brioche feuilletée.

Baba et gugelhupf

Au détour d'un voyage à Paris, je suis passé par la maison Stohrer au 51 rue Montorgueil. La plus vieille pâtisserie de Paris. En y entrant, les effluves des gâteaux ne laissèrent pas indifférent le gourmand que je suis. La boutique a conservé tout son charme d'antan. Le XIXe siècle n'a de cesse de me faire rêver. Je n'aurais jamais pensé que bien des années après cette visite, j'oserais reconsidérer l'histoire de cette maison et celle du baba.

Il est étonnant que la littérature du XVIIIe siècle et celle du début du XIXe siècle ne fassent pas référence à la maison Stohrer. C'eût été la moindre des choses d'en parler, ou du moins de l'évoquer, surtout si sa réputation fut aussi grande qu'on le prétend.

En 1815, Marie-Antoine Carême présente le baba polonais, une brioche aux raisins et au safran, enrichie au madère. Selon Carême, Stanislas Leszczynski, roi de Pologne et duc de Lorraine et de Bar en aurait été le créateur. Carême n'évoque pas Stohrer, ni ne fait allusion à un sirop de glaçage ou de trempage.

En 1821, dans le *Journal des dames et des modes*, une lettre, en provenance de Nancy, destinée au rédacteur, confirme que le baba a été introduit en France par Stanislas Leszczynski, roi de Pologne. L'auteur de la missive s'exprime ainsi :

> «Quant au Baba, puisque j'ai prononcé le nom bien connu maintenant des pâtissiers en réputation à Paris, je dirai que c'est une pâte tenant le milieu entre celle du gâteau de biscuit et celle de la brioche. On met dans ce Baba, très recherché par les Polonais, beaucoup de safran et de raisins secs. À Paris, en général, on le mange sec; mais dans nos contrées, on le divise en carrés de la grosseur du pouce, amoncelés dans

de grandes jattes de porcelaine; on saupoudre de sucre; puis on arrose le tout de vin de Champagne, jusqu'à [ce] que la pâtisserie n'absorbe plus le liquide. Cette façon de Soupe à Perroquet se sert à la cuiller, et comme entremets. On y revient toujours à deux ou à trois fois. Les femmes en raffolent. »

Tout semble suggérer que le baba n'est ni plus ni moins une sorte de brioche. Dans ce cas, que sert-on à Paris dans les pâtisseries ? Dans le *Dictionnaire de la conversation et de la lecture* de 1844, l'auteur apporte des précisions quant à la recette du baba et à sa consommation à Paris.

« D'après une recette donnée par la comtesse de Kisseleff, née comtesse Potocka, et parente de Leczinski, le véritable Baba polonais devrait se faire avec de la farine de seigle et du vin de Hongrie. On voit quelques fois à Paris, dans les mains de quelques gourmands ou aux étalages de quelques-uns de nos praticiens, des babas qui ont été façonnés dans de petits moules; mais ils se dessèchent trop aisément pour que les gens de goût puissent approuver cette méthode économique. »

Qui connaît, quelque peu, les traditions polonaises sait que la babka est un gâteau qui s'apparente au fameux baba polonais. Ainsi, le nom serait dérivé de cette pâtisserie pour devenir baba en français comme le mentionne l'ouvrage anglais de Louis-Eustache Audot *French domestic cookery* de 1846 . Dans le chapitre consacré à la cuisine polonaise, il écrit à la suite de la recette de la babka : le gâteau ressemblerait à une vieille femme d'où l'appellation de babka (grandmère). Le moule est de type moule à gugelhupf, plus étroit et plus haut. Ce gâteau est également à l'origine du baba des pâtissiers français, précise-t-il. Certaines références polonaises évoquent un gâteau polonais nommé baba. Elles mentionnent que le moule pouvait rappeler les jupes plissées des paysannes, ce qui expliquerait le nom de babka. Selon ces sources, dès la fin du XVIIe siècle, ce type de gâteau s'est répandu dans toute l'Europe. Nous verrons plus loin que cette histoire est intimement liée à celle du gugelhupf.

Lorsque nos contemporains prétendent que le nom baba fait allusion à Ali Baba et les quarante voleurs, je préfère en rire. Pierre Lacam, pâtissier français du XIXe siècle, aurait entretenu cette histoire. D'ailleurs, bien d'autres se sont amusés avec le mot baba. Voici une anecdote parue en 1840 dans l'ouvrage de Pierre Claude Duchemin le *Manuel industriel contenant la manipulation de la pâtisserie[...]*. Elle vous fera sourire.

« Nous devons cet excellent gâteau au roi de Pologne, ce roi a établi ce gâteau en se faisant donner tous les ingrédients ci-dessus. La reine qui le regardait, lui dit : — Mon bon ami vous faîtes là un drôle de gâteau, je crois bien que le diable n'en mangera pas. Le roi lui dit : Bah ! bah ! et la reine repris bah ! bah ! tant que vous voudrez, mais vous verrez que vous perdrez votre temps pour rien. Enfin le Baba étant fait et cuit, on le servit sur la table. Chacun en prit un morceau, et il fut trouvé excellent. La reine demanda au roi quel nom il donnerait à ce délicieux gâteau. — Ma bonne amie, lui répondit-il, vous et moi nous avons dit bah ! bah ! eh bien ! je le nommerai baba polonais. Depuis ce temps-là, mademoiselle, le nom et la chose volent de bouche en bouche. »

Quand on a l'imagination fertile, on peut raconter toute sorte d'histoire. Il suffit que l'on vous croie pour que la farce devienne une vérité.

Mais où est donc la maison Stohrer ? Où sont les babas au rhum ? Je ne peux que constater qu'ils sont aux abonnés absents. En ce début du XIXe, la maison Stohrer ne semble pas encore avoir vu le jour. Afin de ne pas commettre d'impair, interrogeons l'illustre Alexandre Balthazar Laurent Grimod de La Reynière, un critique gastronomique reconnu du XIXe siècle et auteur de nombreux ouvrages consacrés à la gourmandise.

Dans son Journal des gourmands et des belles ou l'épicurien français de 1807, Grimod de La Reynière parle du baba comme une espèce de biscuit de Savoie au safran originaire de Pologne. Comme notre Nancéien, lecteur du Journal des dames et des modes, il affirme que le champagne sert à arroser le baba. S'adressant aux Parisiens, il les invite à se rendre chez monsieur Rouget, pâtissier, rue de la Loi, vis-à-vis du théâtre français ou chez monsieur Rat à l'enseigne du Père de famille, au 85 de la rue Montmartre, pour en acheter au cas ou leur personnel n'est pas à même d'exécuter convenablement ce baba. Si Stohrer avait la réputation que l'on prétend comment expliquer que Grimod de la Reynière n'a-t-il pas suggéré sa maison ? Cet écrit confirmerait que ce grand pâtissier ne s'est pas encore installé.

À cette époque, ce que l'on nomme fautivement aujourd'hui viennoiserie, sont des gâteaux au même titre que le sont de nos jours le quatre-quarts ou le cake à la française à la différence près qu'ils sont salés. Ils ne contiennent pas de sucre ou juste le minimum pour favoriser la fermentation. Ces gâteaux pouvaient rester à température pièce plusieurs jours ce qui finissait par les assécher. C'est la raison pour laquelle le champagne servait à les arroser pour les rendre un peu plus moelleux. Le plus souvent, ces produits se mangeaient rapidement et parfois encore tièdes et n'avaient pas besoin d'être trempés d'autant que le vin doux se trouvait dans la pâte.

Quand la maison Stohrer a vu le jour ? C'est en consultant les annuaires et les almanachs des professions de l'époque que j'ai trouvé la réponse. En 1833, Stohrer n'est pas encore installé. Il le sera en 1835. Je ne suis pas arrivé à accéder au registre de l'année 1834, mais de nombreuses sources précisent l'année 1836 comme l'ouverture officielle. C'est au 42 de la rue Montorgueil qu'il ouvre sa boutique. Elle fermera pour deux ans, à la fin de 1843, pour ouvrir en 1846 au 53 de la même rue avant de déménager en 1850, au n° 51, à l'emplacement actuel.

D'après Pierre Lacam, les babas n'étaient pas, à l'origine, trempés dans le rhum. Voici ce qu'il écrivit dans *Le mémorial historique et géographique de la pâtisserie* :

« Le baba était connu bien avant le savarin, Sthorer, rue Montorgueil, en avait la renommée; on retrouvait chez lui des babas depuis 2 francs jusqu'à 7 à 8 francs. Ils étaient cuits dans un linge humide. Le sirop au rhum toujours chaud; on n'avait qu'à les tremper, et pour la ville il s'est fait charreté de baba dans cette maison [...] Les Julien en créant le savarin et le parfum firent beaucoup de tort à Sthorer. Aujourd'hui la maison est très florissante, mais ne fait pas tant de babas. »

L'orthographe de Stohrer a parfois était écrite de manière erronée. Deux graphies se sont souvent côtoyé au XIXe celle d'origine et celle où le h a suivi le t.

Comment le baba était-il servi s'il était trempé dans un sirop chaud ? Les emballages de l'époque ne garantissaient, sans doute, pas l'étanchéité que nous connaissons aujourd'hui. Le produit devait être suffisamment sec, et favoriser une bonne capacité d'absorption pour rendre le baba tout juste collant, de quoi le prendre entre deux doigts. Cette pratique a dû être vite oubliée et le petit baba a dû être trempé dans le sirop au rhum avant d'être mis en vente comme le rappelle Urbain Dubois en 1858 dans *La cuisine classique*.

> « En les (NDA : les petits babas) démoulant, on les trempe vivement l'un après l'autre dans un poêlon de sirop au madère, rhum, noyau, marasquin ou autres liqueurs; on les range à mesure sur des grilles d'office pour les égoutter; on peut les servir chauds ou froids; on peut encore les masquer avec une glace cuite. On cuit aussi cet appareil dans des sautoirs qu'on distribue ensuite en petits gâteaux simples ou glacés. »

Le gâteau baba, non trempé, a côtoyé pendant quelques années encore le baba trempé.

Stohrer fut-il le premier à offrir des babas trempés dans un sirop au rhum ? À en croire La Gazette des salons de décembre 1836, le pâtissier Cortin, situé au 1 de la rue du Coq St-Honoré, en proposait à sa clientèle. Étaient-ils trempés ? La question reste ouverte puisque l'appellation au rhum signifie avec du rhum, mais cela n'implique pas le fait d'être imbibé de rhum. Carême disait bien : baba au vin de madère. Il aurait tout aussi bien pu dire : baba au madère, ce qui n'en fait pas pour autant un produit trempé dans le madère.

L'ancêtre du baba : le gugelhupf.

À l'origine, le gugelhupf n'est pas le nom du gâteau, mais celui du moule. C'est la raison pour laquelle dans les ouvrages autrichiens du XIXe le mot gugelhupf précède ou suit le nom de certains produits.

Dans un livre *Neue vollständige theoretisch-praktische Anweisung in der feinern Kochkunst[...]* écrit en 1859 par Johann Rottenhöfer, cuisinier du roi de Bavière Maximillian II, on peut lire kugelhupf auf polnische art, soit gugelhupf à la polonaise. Juxtaposé à ce titre, il est écrit en français baba polonais. Baba a été traduit par kugelhupf. On trouve aussi une version de baba à la française. Dans les deux cas, l'auteur précise que le produit est saupoudré de sucre glace. Le baba polonais peut être glacé à l'orange.

Un autre exemple. Dans la traduction allemande de *Les délices de la campagne* de Nicolas de Bonnefons, où celui-ci cuit sa brioche dans une jatte ; la jatte n'est pas traduite par son équivalent germanique schüssel, mais par gugelhupf.

Une analyse lexicographique du mot gugelhupf s'impose afin de mieux comprendre son origine et sa traduction dans diverses langues. Gugelhupf, comme je l'écris depuis le début de l'ouvrage, est la graphie autrichienne. Le gugelhupf a pour origine l'Autriche et non l'Allemagne,

Après m'être perdu dans les dédales de livres anciens, j'ai fini par trouver dans un ouvrage de poésies et de rimes de 1648, *Poetischen Trichters zweyter Theil*, la définition suivante : gogel oder gugel ein türkifcher bund oder haube. Gugel ou gogel est un turban turc ou une coiffe. Bund est considéré comme un turban selon le dictionnaire d'Antoine Oudin de 1674. Au XVIIe siècle, les définitions de bund sont diverses.

Pour hupf, cela a été plus difficile de trouver une explication d'autant que dans certains ouvrages, parmi les plus anciens, le u est remplacé par le o pour hopf. Dans un dictionnaire de 1642, hupf est un préfixe attaché à divers mots sans aucune similitude entre eux. Dans un autre ouvrage de 1682, gugelhupf est écrit en deux mots gugel-hopf sans que je puisse expliquer la signification de cet attribut. Pour certains historiens, hupf serait un dérivé ou encore une vieille graphie de hefe : la levure. Rien ne m'a permis de corroborer cette affirmation d'autant plus qu'il semble que hopf ait précédé hupf. Plus encore, en Autriche, la levure se nomme germ et non pas hefe.

Gugelhupf est donc un moule en forme de bonnet turque. D'ailleurs en hollandais, le gugelhupf se dit : turban (tulband). Devinez en français comment le gugelhupf est appelé. Bonnet de Turquie! Au XVIIIe, on cuisait dans ce moule la pâte à biscuit de Savoie ou celle aux amandes. Ce gâteau prenait alors le nom de bonnet de Turquie. Il fut présent à la table de Louis XV.

Dans le livre Les dons de Comus ou l'art de la cuisine de François Marin, à bonnet de Turquie on peut lire : c'est le moule qui donne le nom.

Pour l'anecdote, il existe une courge appelée turban. Elle ressemble à un moule à gugelhupf.

Mais alors qu'en est-il du kougelhopf alsacien? Les écrits de Marguerite Spoerlin apportent des précisions. Cette auteur a consigné dans son ouvrage toutes les recettes de la tradition alsacienne.

Dans la version allemande de 1820, le nom gugelhupf apparaît avec la graphie autrichienne : ein biscuit gugelhopf et la traduction française de 1829 a donné turban de biscuit. Quant à ein gerührter gugelhopf, il s'est transformé en turban au beurre moussé. Il ressemble à un biscuit à la française beurré dans lequel on a ajouté de la levure; donc aucune similitude avec le baba de l'époque. Cela signifie que jusqu'aux années 1830 le gugelhupf alsacien est davantage un gâteau levé qu'une pâte levée comme on l'entend de nos jours. La réédition de 1852 changera la graphie autrichienne pour la graphie allemande (kugel-hopf).

Le journal des pâtissiers-biscuitiers [...] de 1899 indique que le gugelhupf est un produit d'origine autrichienne qui fut importé en Alsace, où il est devenu le gâteau national. En prenant soin d'analyser le procédé qui y est décrit, on retrouve, à quelques différences près, la même technique du gugelhupf présenté par Marie-Antoine Carême en 1815. Il détenait la recette d'Eugène Wolf, cuisinier personnel du prince de Schwarzenberg. Une recette prisée par les Viennoises.

Le gugelhupf n'a pas toujours été une pâte fermentée comme peut l'être la brioche. Il a été aussi un biscuit à la française beurré, peu sucré et gonflé à la levure faute de poudre levante (appelée fautivement levure chimique). Ainsi, après la création de la poudre à lever en Allemagne à la fin du XIXe siècle, nous avons vu naître en Allemagne et en Autriche des gugelhupfs, qui ressemblaient de plus en plus à un quatre-quarts ou à un biscuit à la française beurré. De nos jours, en Autriche, le gugelhupf est rarement une pâte fermentée. Le gugelhupf alsacien n'a pas suivi la tendance et a conservé une pâte plus proche d'une brioche ou d'un baba du début du XIXe siècle.

Une revue diplomatique parue en 1934 montre que si le gugelhupf est resté une pâte levée, l'enrichissement qu'ont connu ces pâtes au XIXe siècle n'était pas répandu en Alsace. Voilà ce que l'auteur a écrit :

« Le kugelhupf est une sorte de baba cuit au four dans un moule à forme spéciale, en terre vernie à l'intérieur. Il existe des kugelhupfs de boulanger, faits avec une pâte à pain légèrement sucrée et affinée par l'addition d'un peu de beurre. Mais il existe aussi des kugelhupfs de pâtissier, riches en beurre, en jaunes d'œufs, en amandes et en raisins ; ce sont les moins répandus. Pour le touriste, le Kugelhupf populaire est une désillusion. »

Selon les pays d'Europe, les appellations du gugelhupf varient. Un lexique allemand de 1877 fait mention des différents noms du gugelhupf selon les régions allemandes : aschKuchen, bundKuchen, napfKuchen (napf signifiant écuelle, le gâteau-écuelle serait à l'origine du cupcake en anglais) et bäbe (utilisé en Saxe et probablement issu du slave baba, référence 1788).

Le moule à gugelhupf connaîtra au XIXe siècle toute sorte de déclinaison et servira à différentes préparations. Les grandes pièces de baba ont continué à être moulées dans un moule à gugelhupf jusqu'à la fin du XIXe siècle.

Gâteau de Compiègne

Nos contemporains oublient que les pâtes levées furent multiples à la fin du XVIIIᵉ siècle et au XIXᵉ siècle où elles seront enrichies en beurre et en œufs. Toutes ces pâtes se ressemblent, ce qui explique la disparition d'une grande partie d'entre elles au début du XXᵉ siècle. Ces pâtes étaient plus ou moins parfumées, pouvaient contenir des fruits confits ou encore de l'alcool. Elles étaient moulées soit dans un chaudron, dans un moule en fer blanc ou dans un moule à turban. Elles n'étaient pas sucrées ou très peu. Elles étaient servies tièdes ou froides. Bien avant le baba, la France connut le gâteau de Compiègne, qui fut présent à la table de Louis XV.

Le gâteau de Compiègne ressemble à une brioche. Il a parfois été agrémenté de zestes de citron ou de fruits confits, et même de raisins de Corinthe. Au XVIIIᵉ siècle, il était cuit dans un chaudron, mais le plus souvent dans un carton comme le serait le panettone aujourd'hui. Au XIXᵉ siècle, Grimod de la Reynière mentionna que le gâteau de Compiègne était moulé dans un moule à gugelhupf et qu'il pouvait s'appeler aussi brioche royale.

Selon l'ouvrage de 1897, de messieurs Bazin et Mauprivez, de la société historique de Compiègne, ce gâteau vit le jour le 29 mai 1677 :

« Lorsque monsieur Gilles Charpentier, seigneur de Moyenneville, premier commis du ministre de la guerre de Louis XIV, le marquis de Louvois, arriva à Compiègne celle-ci, reconnaissante d'avoir été débarrassée de la présence des compagnies suisses, lui fit offrande d'un grand gâteau du prix de 12 livres, d'une espèce particulière et qui apparaissait pour la première fois. C'était la veuve de Pierre Diée, maître plâtrier, la pâtissière Suzanne Pignier, qui l'avait fourni et en avait trouvé récemment la recette. Ce gâteau, dit au chaudron, eut une si grande vogue que sa renommée en rejaillit sur la ville et s'est perpétuée jusqu'à nos jours sous le nom de gâteau de Compiègne. »

Où Suzanne Pignier a-t-elle trouvé cette recette ? Si cela avait été une brioche, tout le monde l'aurait su. La brioche était déjà répandue à cette époque. Serait-ce un gugelhupf ? Je l'ai toujours pensé. Malheureusement, nous ne le saurons sans doute jamais. Peu d'information existe au sujet de ce gâteau. La seule chose dont on a la certitude est qu'il trôna à la table de Louis XV et il connut un certain succès, et ce, jusqu'à la fin du XIXe siècle où il disparut subitement.

La brioche

Si de nombreuses pâtes levées se sont côtoyées tout au long des XVIIIe et XIXe siècles, la notoriété d'une d'entre elles perdure encore de nos jours même si elle n'a plus le lustre d'antan. Il s'agit de la brioche, une des plus anciennes pâtes levées, symbole de la gastronomie française bien plus que le croissant. Sans doute que son nom a contribué à sa célébrité puisqu'il est unique ct personne ne connaît à ce jour son origine.

Le roi Charles IX établit en1566 des ordonnances qui allaient régir les métiers de bouche, dont les pâtissiers. Il décréta que l'on ne peut pas devenir pâtissier si l'on n'a pas effectué un apprentissage de cinq ans auprès d'un maître de la ville où l'apprenti compte professer. Parmi ces ordonnances, on interdit la vente de brioche et de pain d'épice ailleurs que chez le pâtissier. À l'époque, beaucoup de gens produisaient à domicile de la brioche et la vendaient dans Paris au détriment des pâtissiers.

La brioche du XVIe au XVIIIe siècle était composée de farine, d'œufs et de beurre ou de fromage, ce qui faisait d'elle un gâteau. C'est la raison pour laquelle on peut retrouver parfois l'appellation gâteau de brioche. Voici la définition de Pierre Richelet dans son Dictionnaire françois de 1680 :

> « Brioche : Terme de pâtissier de Paris. Manière de gâteau, ou de pain qui était fait de fine fleur de froment, d'œufs, de fromage et de sel. »

La brioche est donc bien une spécialité parisienne. ce qui ne signifie pas que l'on n'en trouvait pas ailleurs dans le royaume de France.

Dans le *Dictionnaire universel [...]* d'Antoine Furetière de 1690, la définition de la brioche est plus exhaustive et contient cette fois du beurre à la place du fromage.

« Brioche : pâtisserie délicate qu'on fait avec de la farine très déliée, du beurre et des œufs. On envoye maintenant des brioches à ses amis, quand on a rendu le pain béni, au lieu des parts du chanteau ou du cousin qu'on envoie autrefois. »

Par le passé, j'avais donné des explications à propos de la farine très déliée, qui aujourd'hui ne me convainquent plus. Reste que cette expression paraît étrange et ce dictionnaire ne permet pas de définir ces caractéristiques. Peut-être a-t-il voulu suggérer une farine déliée de tout ce qui prive la farine d'exprimer sa finesse. C'est-à-dire une farine de la fine fleur du froment comme il est souvent dit à l'époque. *Le Centre national de ressources textuelles et lexicales* semble confirmer sa définition de déliée : qui est d'une grande finesse, d'une grande minceur et souplesse.

Pour ce qui est de chanteau et de cousin, Antoine Furetière apporte des explications.

« Chanteau : partie retranchée d'un corps de figure ronde. C'est ce que l'on appelle en géométrie segment de cercle, ou la partie de cercle compris entre l'arc et la corde.

Le chanteau d'un pain bénit, cette partie qu'on coupe en entamant le pain bénit, ou en le coupant par un de ses bords pour envoyer à celuy qui à tendu le pain bénit, ou à celuy qui doit le tendre le premier jour.

Le chanteau est aussi une grosse pièce de pâtisserie formée en long et de même que la bordure du pain bénit, qu'on fait faire pour envoyer à ses parents et amis, à cause que celuy qu'on a renvoyé à l'église n'y peut pas suffire : et parce qu'on fait de pâte plus fine, on appelle autrement cousin, à cause qu'on l'envoye à ceux qui touchent de plus près, où qu'on aime le mieux. »

Ce rite du pain bénit et du chanteau pouvait varier selon les régions.

De manière générale, le pain bénit était offert à l'église après la bénédiction par le prêtre de la paroisse ; il servait au plus démuni. Celui qui recevait les chanteaux devait se charger de fabriquer à son tour un pain béni et en apporter au prochain office.

Dans le livre de François Pierre de la Varenne, *Le pâtissier françois*, point de brioche. Seul le pain béni est présent. Plus étonnant, il propose une recette plus fine pour le chanteau et le cousin qui s'apparente à une brioche de l'époque, le fromage à la place du beurre. Cela suppose que le chanteau n'a pas toujours été les bords du pain bénit. L'absence de la brioche peut surprendre. Après tout, le livre de François Pierre de la Varenne ne s'adresse peut-être pas aux Parisiens.

Une autre recette a attiré mon attention : le gâteau à la dame Suzanne. Il est étonnamment moderne pour l'époque. Il ressemble à ce que sera la brioche ou d'autres pâtes levées au début du XIXe siècle. Bien entendu, je n'ai pu m'empêcher de faire le lien avec Suzanne Peigner et le gâteau de Compiègne. Néanmoins, une période de 22 ans s'écoule entre la publication de ce livre l'avénement du gâteau de Compiègne. La probabilité que cela soit la même Suzanne est presque nulle d'autant plus que ce que proposa Suzanne Peigner était nouveau.

À cette époque, les recettes de brioche manquaient de légèreté et ressemblaient davantage à des pains auxquels on avait ajouté des œufs et du beurre qu'à une brioche. Le début du XVIIIe siècle va voir ces produits s'enrichir plus en beurre et en œufs, mais pas en sucre, ou si peu.

Ce n'est pas tant la provenance de la brioche, que j'établirais au nord de la France, ou même de l'Europe, que l'origine de son nom qui entretient le mystère.

Les dictionnaires de l'époque sont peu bavards quant à son origine. Par contre, le mot brioche a parfois des sens inattendus. L'orge torréfiée broyée vulgairement est appelée brioche. Un dictionnaire anglais donne différentes significations à brioche, dont celui d'un instrument à battre le chanvre. Cet instrument aurait-il donné son nom à la brioche ? Cela semble corroborer avec les dires de François Pierre de la Varenne, qui explique que les pâtissiers usent d'un gros morceau de bois pour battre la pâte du pain béni. Ce morceau s'appelle une broye (appelée aussi broie ou brie). Dans un mémoire de la société des antiquaires du XIXe, on trouve une définition semblable de la brioche : broie en fer qui sert à donner la seconde façon au chanvre.

Ce genre d'instrument était utilisé pour la confection d'autres pâtes levées comme mentionné dans *Le traité des subsistances et des grains qui servent à la nourriture de l'homme* de Beguillet publié en 1780. L'auteur mentionne, dans un premier temps, que la brie est un instrument en bois dont on ne trouve point de description ni de définition dans la plupart des dictionnaires. Il enchaîne en affirmant qu'autrefois les boulangers, après avoir pétri la pâte, se servaient aussi de la brie, du moins pour faire le pain à pâte ferme, appelé pain brié. L'auteur se demande si le mot brioche n'a pas la même l'étymologie. S'ensuivent les explications savantes de Gilles Ménage (érudit et avocat français) proposées dans son dictionnaire. Si par le passé je me suis laissé convaincre par cette piste, j'ai fini par l'abandonner. Je ne crois pas qu'il faille chercher dans le mot brioche une origine complexe ou un assemblage de mot provenant du gaulois ou du latin. C'est rarement le cas pour des produits évolués comme la brioche. Et si brioche était le nom du boulanger qui l'a créée ? Le nom brioche était présent au XVIIe siècle, au cours duquel il existait un monsieur Brioche dans une comédie théâtrale ou encore monsieur Brioché, célèbre marionnettiste. Même en Flandre, ce nom était d'usage. Si cette idée, sans doute simpliste, m'a effleuré l'esprit, c'est que le pain mollet tient son nom du boulanger Jean Mollet Au début, j'ai cru à une farce, mais le sieur Antoine Furetière le confirme dans son dictionnaire :

> « Mollet : On appelle pain mollet, un petit pain dont la mie est légère et tendre, de l'invention d'un boulanger fameux, qui a donné, ce nom à une rue de Paris, qu'on appelle Jean-Pain-mollet. »

Je ne dois pas être le seul à qui cela a dû faire sourire, puisqu'au début du XIXe Jean Pain-Mollet était un vaudeville en un acte de Charles Labie qui se déroulait dans une boulangerie.

La brioche est devenue sucrée au début du XXe siècle. Cependant, la brioche salée a réussi à se maintenir, de façon marginale, jusqu'à la fin des années 1970. Malheureusement, aujourd'hui en France, pays de la brioche, les boulangers fabriquent de moins en moins de véritables brioches. Une partie des œufs a été remplacée par du lait et le sucre a augmenté de manière considérable. Certes, cela reste un bon produit, mais ce n'est plus de la brioche que l'on produisait jusqu'à la fin du XXe siècle. Une page se tourne.

Je tiens à rappeler à mes contemporains que tous ces produits levés étaient confectionnés avec de la levure. Dans notre monde en plein bouleversement et en quête de repère, le levain est devenu un dieu au point de ne plus considérer la levure, oubliant qu'elle est presque aussi vieille que l'humanité n'en déplaise à certains. En France, la levure a toujours occupé une bonne place dans la pâtisserie et en boulangerie. Hier, comme aujourd'hui, des boulangers rejetaient la levure refusant de reconnaître ses vertus. Autrefois c'était pour des raisons de sa mauvaise utilisation, alors que de nos jours ce serait le fait qu'elle est le fruit de l'industrie et que le levain est meilleur pour la santé. Le levain et la levure ont chacun leur place lorsqu'on en fait bon usage. Il en va de même de la farine blanche qui a aussi ses détracteurs alors qu'elle a toujours fait partie prenante de la pâtisserie et de la boulangerie française. Faut-il savoir encore ce que l'on entend par farine blanche? Mais là est tout un autre débat.

Voici les extraits d'un document datant de 1673, *Table de toutes les questions et arrests notables*, qui va mettre tout le monde d'accord sur l'importance du pain à la levure et du pain blanc dans la culture française.

On y relève que «l'usage de la levure dans le pain remonterait à Pline l'ancien [NDA : 1er siècle] et que ceux qui ont voyagé en Flandre, en Hollande, en Angleterre savent que tous ces peuples se servent de la levure dans le pain». Et l'auteur ajoute :

« Nous avons des provinces aussi bien que des villes entières en France où le pain qui s'y mange est fait avec de la levure. Mais sans sortir de Paris, qui comme capitale, semble devoir servir de règles à toutes les autres, nous apprenons des personnes les plus âgées, qu'elles ont toujours vu employer de la levure dans le petit pain. »

Voici ce que dit le sieur Vitré l'un des six bourgeois nommés par la Cour dans *Journal du palais, ou recueil des principales décisions de tous les parlemens & cours souveraines de France* :

« Qu'il a toujours vu, dès sa jeunesse, du pain mollet chez tous les boulangers de petit pain, que depuis que la Reine Mère Marie de Médicis vint en France, ils commencèrent de cuire de cette autre sorte de petit pain, que l'on appelle encore aujourd'hy du pain à la Reine qui ne se fait qu'avec de la levure. Que lui qui depose à quatreving & un-an, et qu'il n'en guere mangé d'autre. »

Voilà ce que dit un dictionnaire anglais de 1650 au sujet du pain mollet. C'est un pain léger, croustillant, savoureux, un pain blanc avec une mie très alvéolée, du sel et de la levure. Son succès, « était le moelleux de la mie.

La pâte à choux

Bien que la brioche soit la plus ancienne pâte levée enrichie de la pâtisserie française, un autre produit, tout aussi célèbre, n'a cessé de la côtoyer : la pâte à choux. Elle aussi était faite avec de la farine et des œufs ainsi que du beurre ou du fromage.

Pierre Lacam et Antoine Charabot ont dessiné l'histoire de la pâtisserie française à la manière d'un film à grand déploiement, où la vérité est teintée par beaucoup de fiction. Ce sont eux, en partie, qui ont déterminé ce à quoi elle ressemblerait. Voilà ce qu'ils nous disent à propos de la pâte à choux :

> «Lorsque Catherine de Médicis, femme d'Henri II vint en France, 1540, elle amena de Florence tout son personnel, cuisiniers, glaciers, pâtissiers et distillateur. La France n'est guère avancée en pâtisserie. Son chef Pasterelli se nommait Popelini; il apportait avec la recette d'une pâte desséchée sur le feu dont il faisait un entremets excellent auquel il avait donné son nom à la cour; on l'appela Popelin, au lieu de Popelini.»

Une très belle histoire. Malheureusement, elle n'a pas une once de vérité. De plus, ils ont été assez habiles d'associer Pasterelli à Popelini. Depuis lorsqu'on parle de pâte à choux, on évoque presque toujours Popelini jusqu'à voir naître à Paris, au début du XXIe siècle, une enseigne qui porte son nom.

Leur première erreur est d'avoir nommé le chef Pasterelli et non pas Pastorelli. Vous avez beau chercher du nord au sud de l'Italie pour trouver un Pasterelli, vous ne le trouverez pas. De plus, écrire : son chef Pasterelli se nommait Popelini est une façon adroite de nous faire oublier le premier nom pour se souvenir que du second.
Leur deuxième erreur est de ne pas s'être informés du nom de la pâte

à choux en Italie. Pourquoi nommer un dessert si connu en Italie par le nom du pâtissier italien qui l'importa en France? L'appellation italienne était-elle si difficile à prononcer ou à traduire ? La pâte à choux se dit en italien : pasta di bignè et le choux bignè. Bignè vient du français beignet. Pourquoi les Italiens auraient-ils emprunté un nom français pour désigner une pâtisserie dont ils seraient à l'origine ?

Je concède que Popelin et Popelini sont liés pour des raisons linguistiques. Nous verrons comment la pâte à choux a connu diverses appellations.

En 1536, alors que Catherine de Médicis est mariée depuis trois ans à Henri duc d'Orléans et qu'elle n'est pas encore reine de France, un dénommé Jean Ruel publia *De natura stirpium Libri tres* dans lequel il retrace l'histoire du gâteau et y révèle l'existence d'un gâteau nommé popelini remontant avant le XVIe siècle.

[Traduction: madame Kluyskens]
« J'ai lu qu'elles étaient de couleur blanche. Mais on croit qu'elles sont du genre d'une galette ronde qui était faite de farine, d'eau et de fromage, mais aussi de forme étirée. Il s'en suit ce qu'on appelle dans la langue du peuple des "popelini", comme si elles se rapportaient aux bistrots ou aux buveurs [NDT : popelini se rapproche d'un mot signifiant une sorte de bistrot, de cuisine populaire]. On les fait avec de la fleur de farine, du lait, du jaune d'œuf mélangés. On les met à cuire dans un four chaud en petits tas circulaires pour que la partie extérieure se durcisse en croûte et que la partie intérieure se détache en lanières et petits creux après avoir enlevé la croûte supérieure en rond ou d'après le contour, il faut les saturer de beurre frais non salé, et quand elles ont tout absorbé, il faut les réenduire, remettre la croûte et les cuire à feu doux, et les galettes qui sont ainsi saturées de beurre, je devrais plutôt dire qui sont ivres de beurre, sont prêtes à être servies. Certains pétrissent un peu de pain blanc au lieu de farine pour cette préparation et espèrent ainsi qu'elle soit meilleure pour la santé. Je n'oserais pas prétendre que cette préparation peut être mise en rapport avec les sortes de cakes qui étaient en vogue chez les Anciens… »

Dans un autre ouvrage, De re cibaria libri publié en 1560, l'auteur Jean Baptiste Bruyerin présente les gâteaux parisiens, dont les ratons (autre déclinaison de la pâte à choux d'origine gauloise), les popelini et les choux. Il confirme donc lui aussi l'existence de la pâte à choux avant la montée sur le trône de Catherine de Médicis. La différence entre popelini et choux sera expliquée plus loin. Et popelini deviendra pouplin, poupelin, popelin ou encore poupelain.

Dans son livre, Bruyerin mentionne que les petits choux sont faits avec de la pâte à poupelin et dressés en petit tas de la grosseur d'un œuf alors que le poupelin est présenté comme un gâteau. Celui-ci est confectionné à partir de fromage spécial dans lequel sont mélangés des œufs et un peu de farine, davantage pour les choux. Une fois cuit, le poupelin est évidé, contrairement aux petits choux. Les deux préparations sont trempées dans du beurre non salé. Le poupelin est en plus saupoudré de sucre et l'intérieur peut être parfumé à l'eau de rose ou aux écorces de citron. Une fois généreusement sucré, il est remis à l'entrée du four et servi tiède.

Encore une fois, grâce au cher sieur Furetière, nous allons enrichir notre savoir sur les choux. Voici ce qu'il écrivit au XVIIe siècle :

«Chou est une espèce de pâtisserie fort légère et fort enflée faite avec des œufs, du beurre et de l'eau de rose. On les appelle par antiphrase aussi casse-museau [NDA : casse-museau signifie coup de poing].»

Cette définition montre l'évolution des choux depuis leur création, le beurre ayant remplacé le fromage. Difficile à dire qui est à l'origine de ce changement, mais François Massialot en est sans doute l'auteur. Dans Le Nouveau cuisinier royal et bourgeois de 1722, il décrit une pâte à la royale (mélange d'eau, de sel, de farine et parfois de beurre, cuit sur le feu) qui a l'apparence de la pâte à choux à l'exception de l'ajout de fromage au lieu des œufs.

Dans une nouvelle édition de 1729, il présente une autre façon de faire les petits choux en utilisant la technique de pâte à la royale sans le beurre et avec des œufs.

Dans *Le Nouveau traité de la Cuisine publié* en 1739, l'auteur Joseph Menon propose la première recette de choux telle que nous la connaissons aujourd'hui, l'écorce râpée de citrons jaune et vert en plus.

Par la suite, François Marin, auteur de *Les dons de Comus* (1758), définira la pâte à la royale comme base aux choux, aux beignets et au poupelin. Il crée les premiers éclairs, appelés alors des cartouches, lesquels sont garnis et glacés.

La pâte à choux connaîtra des variations au cours du XIXe, telles des pâtes plus fermes que l'on pouvait presque façonner à la main, et des pâtes plus souples avec plus ou moins de beurre ou d'œufs.

Ainsi, la pâte à choux, que l'on a prétendu italienne, est bien française peut-être même Gauloise. Les choux restent à ce jour l'un des plus vieux desserts au monde.

La pâte feuilletée, la galette des Rois et le mille-feuille

Au XVIe siècle et au début du XVIIe, la pâte feuilletée est associée au gâteau feuilleté. Cette pâte semble destinée uniquement à la confection de ce dessert. Pourtant, certains livres tel *Le Nouveau Cuisinier de Pierre de Lune* (1660) évoquent son utilisation pour des préparations de produits salés telles les tourtes.

Dans un article paru le 1er janvier 1892 dans *Le journal des confiseurs, pâtissiers, chocolatiers, fabricants de biscuits...*, monsieur Myhr confirme l'existence du gâteau feuilleté au XIVe siècle en se référant à une mention dans une charte de l'évêque d'Amiens datant de 1311.

Dans la droite ligne de conteurs du XIXe siècle, pâtissiers et historiens laissent entendre que Claude Gellée, un peintre qui fut pâtissier dans sa jeunesse, aurait inventé la pâte feuilletée. Cette affirmation est peu plausible puisque la pâte feuilletée avait déjà vu le jour lorsqu'il naquit. Encore plus drôle est l'attribution de la pâte feuilletée à un certain Feuillet. On voit déjà les grosses ficelles se dessiner.

La pâte feuilletée pourrait remonter à l'antiquité. Le livre d'Athénée de Naucratis, grammairien grec d'Alexandrie, traduit en latin par Jacques Dalechamps en 1583, mentionne le placitem panem comme un gâteau feuilleté. Doit-on être surpris par cette découverte sachant que les Grecs et les Turcs utilisent, ce que l'on appelle de nos jours, la pâte phyllo pour leur baklava qui est en quelque sorte une pâte feuilletée primitive? D'ailleurs, le baklava est déjà connu en Europe au XVIIe siècle comme un dessert ottoman.

La pâte feuilletée classique en grec (σφολιάτα), qui n'est pas la pâte phyllo, se dit comme en italien sfogliata (prononcer sfoliata). Et la sfogliatella, un dessert italien, se confectionne comme une pâte phyllo : les couches sont séparées par du beurre fondu.

Dans son livre *Ouverture de cuisine* publié en 1604, maître Lancelot de Casteau présente un pâté pastez d'Espaigne fueiltz qui a l'apparence d'un feuilleté et qui ressemblerait à la sfogliatelle italienne.

À la même époque en Angleterre, butter paste (pâte au beurre), aussi appelé puff paste, est l'équivalent de la pâte feuilletée. Elle a son homonyme en Allemagne butterteig. En Espagne, c'est Holjaldre ou encore hojuela. Tous deux se traduisent par gâteau feuilleté selon le dictionnaire françois espagnol de 1607.

Dans le livre *The Accomplisht Cook, Or The Art and Mystery of Cookery* de 1660, la pâte feuilletée puff paste est produite de cinq façons différentes, entre autres une avec des œufs. Rappelons que le gâteau feuilleté en contient aussi. Comme je l'expliquais dans la section vocabulaire c'est la présence des œufs qui donne droit à l'appellation gâteau. L'auteur de cet ouvrage, Robert May, chef réputé, aurait effectué son apprentissage en France. Si tel est le cas, cela signifie-t-il qu'il ait appris ces cinq méthodes dans ce pays, ou qu'il les aurait développées lui-même ? Si ces méthodes étaient françaises, comment se fait-il qu'elles ne soient pas retrouvées dans les nombreux ouvrages des XVIIe et XVIIIe siècles ? Donnons donc le crédit à Robert May en attendant de nouvelles découvertes qui prouveraient le contraire. D'ailleurs, la pâte feuilletée est bien ancrée dans la cuisine anglaise du XVIIe siècle.

En parcourant ce livre, je découvre avec une certaine surprise un dessert qui ressemble au pithiviers, une pâte feuilletée garnie d'une crème d'amande faite sans œufs. La pâte est composée de beurre, de sucre, d'amandes et d'eau de rose, à la façon de celle qui se fit en France jusqu'au XIXe siècle, mais sans l'eau de rose. L'auteur précise que l'on peut y ajouter des fruits en conserve (en pot) ou des poires. Ces ajouts laissent déjà entrevoir la tarte Bourdaloue, avec amandes et poires, apparue au XXe siècle.

C'est à la même époque que l'on voit apparaître le mot feuilletage, et même la pâte de feuilletage, mentionné dans le livre de Nicolas de Bonnefons de1662.

La pâte feuilletée ne se confectionnera pas uniquement avec du beurre, mais aussi avec de l'huile, de la graisse de bœuf ou du saindoux.

La pâte feuilletée est donc bien installée en Europe et autour du bassin Méditerranée bien avant le XVIe siècle et peut-être même depuis l'antiquité.

La pâte feuilletée des XVIIe et XVIIIe siècles est peu ou prou ce qu'elle sera au XIXe siècle. Cependant, ce sont les Anglais au XVIIe siècle qui ont probablement le plus développé les façons de créer plusieurs variantes de cette pâte. Puis au XIXe siècle, Marie-Antoine Carême va définir la méthodologie de travail de la pâte feuilletée avec toute la pédagogie qu'on lui connaît.

Lorsqu'on évoque la pâte feuilletée, on ne peut s'empêcher de penser à la galette des Rois. Autrefois, on parlait plutôt de gâteau des Rois, sans savoir exactement s'il s'agissait d'un gâteau feuilleté ou d'un gâteau levé comme on en trouvait en Angleterre et en Allemagne.

La tradition de la galette des Rois date de l'antiquité romaine et s'instaure lors des saturnales, fêtes de fin d'année dédiées à Saturne. *Dans L'origine des masques* de 1609, l'auteur Claude Noirot décrit les saturnales à la française : les réjouissances des fêtes de Noël, le festin des Rois, les étrennes, et principalement le carnaval et les divertissements analogues.

Il indique que la tradition de tirer les Rois viendrait d'une coutume romaine :

«La création du roi du sort, symbole du renversement des conditions, mettait le sceptre aux mains de l'esclave comme pour le dédommager du bienfait de l'égalité, dont il ne jouissait plus, et qui semblait n'avoir existé que sous le règne de Saturne. Eût-il été le dernier des serviteurs, il commandait en maître dans la maison, et le père de famille lui-même lui était aveuglément soumis. »

À cette époque, les Romains s'envoyaient mutuellement des gâteaux, des fruits et du miel en mémoire de l'invention de l'agriculture attribuée à Saturne. Mais contrairement à nos pratiques actuelles où la personne avec la part de galette contenant la fève devient le roi, le roi du sort était désigné au moyen de dés.

Les chrétiens ont associé leurs fêtes à celles des saturnales des Romains et à celles qui ont suivi jusqu'au mercredi des Cendres, le lendemain du Mardi gras. C'est d'ailleurs la raison pour laquelle les carnavals du monde entier se situent entre l'Épiphanie et le Mardi gras.

La tradition de la fête des Rois était pratiquée à la cour des suzerains de France, même Louis XIV respecta cette tradition bien que la cour de France fût soumise à une rigoureuse étiquette.

Ce gâteau des Rois engendra un conflit entre boulangers et pâtissiers comme mentionné dans le *Dictionnaire historique des institutions, mœurs et coutumes de la France* de 1855 :

« Au commencement du XVIIIe siècle, les boulangers envoyaient ordinairement à leurs pratiques un gâteau des Rois. Les pâtissiers réclamèrent contre cet usage et intentèrent même un procès aux boulangers *comme usurpant leurs droits*. Sur leur requête, le parlement rendit en 1713 et 1717 des arrêts qui interdisaient aux boulangers de faire et de donner à l'avenir aucune espèce de pâtisserie, d'employer du beurre et des œufs dans leur pâte et même de dorer leur pain avec des œufs. La défense n'eut d'effet que pour Paris ; l'usage prohibé continua d'exister dans la plupart des provinces. »

C'est en France que l'on est le plus prompt à légiférer sur la gastronomie, sa pratique et ses usages. Cela s'est souvent vu au cours des siècles.

L'association entre le gâteau des Rois et la pâte feuilletée n'est référencée qu'à la fin du XIXe siècle dans certains livres et revues de pâtisserie. La pâte feuilletée ne contenait alors aucune garniture. Cette méthode de la galette sèche, devenue très rare au XXIe siècle, était encore courante dans les années 1980. Parfois, avant la seconde moitié du XXe siècle, la pâte à sablés remplaçait la pâte feuilletée.

Quelle est la raison de l'absence de recette de gâteau feuilleté (gâteau des rois) dans les livres de pâtisserie jusqu'à la moitié du XXe siècle ?

Deux hypothèses peuvent être envisagées. La première est qu'aucun dessert n'ait été attribué à la fête des Rois et conséquemment, le gâteau feuilleté ou n'importe quelle pâtisserie pouvait servir de gâteau des Rois. La seconde serait que la galette est devenue avec le temps l'apanage du boulanger. Cependant, *Le journal des pâtissiers-biscuitiers* […] (1899) affirme que la galette des Rois occupe une place importante dans la production de pâtisseries. L'explication la plus plausible est que la recette du gâteau feuilleté est tellement simple qu'aucune raison ne justifie de la mentionner dans un livre, d'autant plus que la galette était sèche.

Le destin de la pâte feuilletée est aussi lié à une autre pâtisserie, tout aussi célèbre : le mille-feuille, comme si l'un n'allait pas sans l'autre. Le mille-feuille voit son orthographe varier selon les dictionnaires et les pâtissiers, millefeuille, mille feuilles ou mille-feuille. Lorsque j'ai abordé la première fois l'étymologie du mot mille-feuille, je me suis basé sur la manière dont nos contemporains l'écrivaient. Instinctivement, j'ai fait le rapprochement avec des plantes qui portent le même nom dont l'usage était courant aux XVIIe et XVIIIe siècles. Dans *Le dictionnaire de l'Académie françoise* de 1694, la mille-feuille est une sorte de plante médicinale à quantité de petites feuilles. Dans son dictionnaire de 1690, Antoine Furetière, écrit millefeuille en un seul mot et l'associe à une fleur de montagne censée guérir les plaies. Aucun de ces dictionnaires ne fait allusion à un gâteau. J'ai supposé que les pâtissiers se seraient inspirés de la nature pour créer ce gâteau, mais je me suis égaré. Le gâteau fut appelé de mille feuilles. Ce qui signe un gâteau fait de mille feuilles. Il n'y a aucune raison qui justifie l'absence d'un s à mille-feuille et encore moins la raison d'un trait d'union à moins de faire référence à la plante. Selon le Centre de ressources textuelles et lexicales, l'origine de cette graphie viendrait d'Ali-Bab, cuisinier célèbre du début du XXe siècle qui affirme : un gâteau de mille et de feuille, ce qui est non-sens eu égard à ce qu'est le mille-feuille d'origine. La dernière édition de l'Académie française reconnaît mille-feuille en un seul mot. Pourtant depuis le XVIIe siècle, on parle de gâteau de mille feuilles, et ce, jusqu'aux années 1920. Pourquoi vouloir effacer deux siècles d'histoire sur une fantaisie d'un cuisinier célèbre ? De ce fait, on devrait écrire : mille-feuille avec un s. Je conçois que pour des raisons linguistiques on veuille ajouter un trait d'union. Soit, mais de grâce, que l'on conserve le s, puisqu'on a toujours dit un gâteau de mille feuilles. La perte du mot gâteau n'a aucune raison de changer la graphie.

Le mille-feuille a probablement vu le jour au XVIIIe siècle sous le nom de gâteau de mille feuilles. Rien ne permet de dire que c'est François Pierre de la Varenne qui l'a popularisé ou créé. Ce gâteau composé de couches de pâte feuilletée cuite est garni de marmelade d'abricot, de framboise et d'autres préparations au fruit avant d'être glacé avec un mélange de sucre, de blanc d'œuf et de citron. Ce gâteau est glacé de trois couleurs en alternance : rouge, vert et blanc. Puis le gâteau est séché à la porte du four comme le rappelle Vincent La Chapelle dans son livre *Le cuisinier moderne* de 1735. Certains pâtissiers ajouteront des pistaches ou des fruits confits en décoration. Dans son livre *Les dons de Comus*, François Marin propose de le garnir avec différentes sortes de confitures et de crèmes. Au siècle suivant, Marie-Antoine Carême perpétue la fabrication du gâteau de mille feuilles à la confiture (1815), et confectionne aussi deux autres mille feuilles, celui à la parisienne et celui à la française. Ceux-ci ressemblent à des pièces montées sur un fond de croustade dans laquelle se trouve en alternance du fromage bavarois (voir crème anglaise) et une couche de biscuit ou de génoise et/ou de pâte d'amandes. Carême décrit aussi un mille-feuille à la napolitaine avec de la confiture, mais dont la pâte rappelle davantage une pâte sucrée ou à foncer. Dans un ouvrage allemand de 1818, on voit apparaître un mille-feuille garni de crème fouettée. En 1815, dans le *Manuel complet des domestiques, ou l'art de former de bons serviteurs*, on mentionne le gâteau de mille feuilles aux crèmes diverses.

Le mille-feuille est un gâteau étagé (le nombre d'étages peut varier jusqu'à sept couches). Si le plus courant est celui avec un feuilletage garni de confiture, il peut être composé de pâtes diverses et de crème. Cependant, le mille-feuille à la confiture va se perpétuer jusqu'aux années 1950 et il symbolisera le mille-feuille français traditionnel jusqu'à ce qu'il se fasse évincer par celui à la crème.
Voici ce que m'a écrit à ce sujet monsieur Michel Guérard, Meilleur Ouvrier de France (M.O.F. Pâtisserie) :

«Il y avait lors de mon apprentissage en pâtisserie, au début des années 50, deux sortes de millefeuilles :
"Celui présenté comme un gros gâteau, souvent rond, fourré sur plusieurs étages de purée de fruits divers et de crème. Il était glacé de fondant blanc et décoré d'anneaux en feuilletage sur le dessus
Le millefeuille individuel était, quant à lui, à peu près le même que celui d'aujourd'hui, c'est-à-dire rectangulaire et garni de crème pâtissière."»

De nos jours, deux pâtes feuilletées se côtoient : la traditionnelle (beurre au centre de la détrempe) et la inversée (détrempe enrobée d'une préparation de beurre et farine). La pâte inversée contenant moins d'eau est plus croustillante et plus feuilletée. Mais d'où vient la recette de cette pâte, sortie de nulle part entre les années 1970 et 1980 ?

Le Grand Larousse gastronomique de 1960 propose une recette, appelée pâte feuilletée viennoise, dont le procédé ressemble à celle de la pâte feuilletée inversée excepté que le beurre manié est mis dans la détrempe au lieu de l'inverse. Cette recette comporte des similitudes à une autre présentée au XVIIe siècle par Robert May. Cependant, rien ne permet de démontrer qu'elle provient d'Autriche. La dénomination «feuilletage viennois» existe toujours ; ce n'est pas un feuilletage inversé, mais un feuilletage avec des œufs et de la crème. Toutefois, la pâte feuilletée inversée pourrait bien être autrichienne, ce que nous verrons avec les croissants.

La pâte feuilletée reste un fleuron de la pâtisserie française.

Note : La pâte feuilletée d'origine, la pâte à beurre, comme les Anglais et les Allemands l'ont appelée, a dû être façonnée à ces débuts en ajoutant le beurre dans la détrempe et en la battant avant de faire des tours pour faciliter l'incorporation du beurre comme cela fut expliqué à l'origine.

La pâte à tarte (pâte brisée, pâte sucrée, pâte à foncer...)

Il existe encore beaucoup d'autres pâtes : la pâte à foncer, la pâte sucrée, la pâte à sablé et la pâte brisée. Toutes ces pâtes n'en font qu'une, la pâte à tarte. Cette pâte a servi à toute sorte de préparations, qu'elles soient salées ou sucrées. C'est la raison pour laquelle, je les ai regroupées. Seule la pâte à sablé se distingue par son usage (elle ne sert pas de réceptacle à une préparation. Elle constitue à elle seule de dessert) ; un chapitre lui sera donc consacré.

Les pâtes au XVIIe siècle n'avaient pas pour seul usage la pâtisserie ; elles servaient également aux pâtés (charcuterie) ou à ce que nous appelons aujourd'hui, du moins en France, les «préparations traiteurs» comme les tartes salées. La confection de ces pâtés faisait partie du travail du pâtissier à cette époque. En ce temps-là, on établit déjà la distinction entre les pâtes ordinaires et les pâtes fines prendront plus d'importance au XIXe siècle. La finesse se joue sur la quantité de beurre apportée à la pâte. De nos jours, cette nuance a disparu. Les préparations peuvent être riches ou pauvres en beurre.

La pâte brisée était la plus utilisée au XVIe siècle et surtout au XVIIIe. Mais elle ne fut pas toujours appelée ainsi. Elle portait aussi le nom de pâte blanche pour se distinguer de la pâte bise faite avec le seigle.

Pourquoi l'avoir donc nommée brisée ? L'appellation vient du fait que la pâte est rompue plusieurs fois, une fois tous les ingrédients réunis, et ce, pour favoriser l'homogénéisation du mélange. À l'époque, la méthode du sablage, qui consiste à frotter ensemble la farine et le beurre pour en faire du sable, n'existait pas.

Vincent La Chapelle, cuisinier réputé du XVIIe siècle, écrit dans son ouvrage de 1742 :

> « Mettre vôtre farine sur vôtre Tourte à pâte, & faites un trou dans le milieu ; cassez-y vos six œufs, & vôtre beurre tout autour de vôtre farine par morceaux, détrempez là ; ensuite avec de l'eau fraiche, & brisez la un peu ; prenez garde de la trop manier, crainte de la bruler ; après celà, ramassez vôtre pâte dans un peloton, & la laissez reposer. »

Le terme brûler a traversé les siècles. Encore aujourd'hui, il est repris par les enseignants dans les centres de formation. Nos contemporains ont attribué à brûler toute sorte de définitions parfois loin de sa signification réelle : issu du vieux français, il désigne l'échauffement de la pâte. Pierre Richelet dans son Dictionnaire françois (1680) le définit comme suit :

> « Brûler : c'est échauffer excessivement par une grande ardeur. »

Dans son ouvrage, Vincent La Chapelle présente d'autres pâtes, cette fois anglaises, dont une est sucrée. Les mesures manquent de précision. Probablement, cette pâte contient peu de sucre. En France, jusqu'au XIXe siècle, les pâtes de la pâtisserie étaient majoritairement salées ou peu sucrées. Cependant, en 1655 dans les *Délices de la Campagne suite du Jardinier françois*, Nicolas de Bonnefons explique une variation de la pâte « façon à faire tarte » (une pâte brisée) qu'il nomme pâte royale et dans laquelle il ajoute « force de sucre en poudre ». Cette pâte est destinée aux abaisses des tourtes de confitures. Faute de sucre, il conseille d'utiliser du massepain (pâte d'amande) parfois appelé pâte sucrée. Cette pâte sucrée appartient davantage à la pâtisserie anglaise, dont la traduction littérale est sugar paste. Cependant, elle est bien moins sucrée que celles du XIXe siècle et d'aujourd'hui.

Le livre *Le Cuisinier anglais*, traduit en français, avec le titre de chaque recette en français et en anglais de 1821 montre que les Anglais utilisaient déjà la pâte sucrée (sugar paste) qu'ils appellent de nos jours short dough, et le sablé qui porte le nom de short biscuit. Ce sablé est cependant un biscuit plutôt cassant que friable. De plus, la pâte sucrée anglaise était bien moins riche en sucre que la française. Cela s'explique : une pâte servant de réceptacle à des produits sucrés devrait contenir moins de sucre alors qu'un biscuit ou un sablé devrait en avoir davantage.

Le XIXᵉ siècle a apporté des changements dans le domaine de la pâtisserie anglaise et française, et les traductions, même les plus scrupuleuses, peuvent ne pas être fidèles. Je me suis donc tourné vers des livres anglais du XVIIIᵉ siècle. Les Anglais comptent une variété de pâtes à tarte pour divers usages. La pâte brisée correspond généralement à la short crust. La short paste s'apparente à une pâte sucrée, parfois appelée sugar paste qui en confiserie est attribuée à une autre préparation. Les appellations varient selon les auteurs et les siècles. L'abondance de pâtes et la richesse de son vocabulaire nécessiteraient un chapitre complet sur la pâtisserie anglaise.

Ces particularités soulèvent la question suivante : est-ce que la pâte sucrée, qui apparaîtra dans la pâtisserie française vers la fin du XIXᵉ siècle est anglaise ? Sinon, quelle est son origine ?

La réponse : la pâte sucrée française est d'origine italienne. Au début du XIXᵉ siècle, où elle fait son apparition, elle porte le nom de pâte frolle, traduction de pasta frolla qui signifie : pâte friable. Les auteurs du XIXᵉ siècle ont le don de faire des traductions dont eux seuls ont le secret.

Le XXᵉ siècle définira trois grandes pâtes à tarte : la pâte à foncer peu sucrée contenant du sel et une quantité variable de beurre selon la finesse recherchée ; la pâte sucrée fortement sucrée sans sel ; et la pâte brisée salée, dont la quantité de beurre et le procédé peuvent la rendre légèrement feuilletée. La pâte à foncer a pendant longtemps servi de base aux tartes aux fruits, dont la fameuse tarte aux pommes à la française.

Le sablé

Le sablé est associé à deux histoires différentes. La première le relie à la ville de Sablé-sur-Sarthe et la deuxième à la marquise de Sablé, contemporaine de Louis XIV. Bien évidemment, aucune preuve ne valide l'une ou l'autre de ces affirmations.

Le nom sablé soulève davantage des interrogations que sa recette, laquelle s'apparente à la pâte brisée. Le sablé est associé à une méthode de fabrication particulière, le sablage. Cela consiste à frotter le beurre et la farine entre les deux mains pour générer du sable. Cependant, cette façon de procéder n'existe pas au XIXe siècle. À cette époque, le sablé était confectionné en mélangeant tous les ingrédients comme cela se fait pour la pâte brisée. À la fin du XIXe siècle, Urbain Dubois fut le premier à mentionner la méthode du sablage pour la pâte autrichienne linzer. Les Autrichiens possèdent différentes versions de cette pâte avec diverses techniques de confection, dont celle décrite par Urbain Dubois. Le terme de sablage n'est pas employé, mais le sera dans les années 1960. Le sablé évoque le sable et la méthode pour faire du sable devient le sablage.

Dans son livre *Cuisine et pâtisserie austro-hongroises*[…] publié en 1896, Antoine Scheibenbogen confirme la façon de procéder : « Coupez-le tout finement au couteau et frottez l'appareil (NDA : farine, amandes et beurre) entre les mains sans la brûler. »

Cette méthode a été introduite dans la pâtisserie française d'abord de manière confidentielle avant de devenir une habitude.

Revenons sur l'histoire du sablé.

L'association avec Sablé-sur-Sarthe est, à mon humble avis, une facilité d'autant que cette ville fut appelée au XIXe siècle Sablé. À cela s'ajoute le fait que beaucoup de références assignent l'origine du sablé à la Normandie, alors que Sablé-sur-Sarthe est situé dans la région des Pays de la Loire.

L'hypothèse historique liée à la marquise de Sablé mérite d'être considérée.

La biscuiterie La Sablésienne fondée en 1962 et située à Sablé-sur-Sarthe prétend que la marquise de Sévigné aurait écrit que « ce lundi-là, premier du mois de juillet 1670, Vatel, maître d'hôtel du Grand Condé, fit servir sur des plateaux une multitude de petits gâteaux secs et ronds [...] » Vatel, son pâtissier, aurait créé ces biscuits baptisés sablés, en l'honneur de Magdeleine de Souvré, marquise de Sablé, présente à ce repas.

À cette époque, il n'existe pas de produits apparentés au sablé et ceux qui s'en approchent le plus ne contiennent pratiquement pas de sucre ou pas suffisamment de beurre pour que cela soit un sablé. De surcroît, je n'ai pas réussi à trouver une quelconque allusion à de petits gâteaux secs dans les lettres de la marquise de Sévigné. Je crains qu'une fois encore nous soyons dans la légende.

Reste à savoir si le sablé est normand et à comprendre sa soudaine apparition à Paris pour devenir une célébrité même si sa présence dans les livres de pâtisseries de cette époque reste confidentielle.

L'un des premiers à en parler en 1878 est Pierre Lacam. Voici ce qu'il écrit à propos des sablés :

« Voilà le gâteau à la mode. Vous n'avez pas de sablés, vous n'êtes pas assortis : voilà ce que vous disent ces dames revenant de Trouville et Houlgatte. Il y a trente ans, l'on ne retrouvait des sablés que chez Dugué, faubourg Poissonnière, dans tout Paris. C'est comme les galettes normandes grosses et ovales. Il y avait que Lemaire rue Poissonnière, 18e, qui en faisait ; aujourd'hui, tout le monde en a. Ils ont été créés à Lisieux (Calvados) en 1852. »

Première remarque, il fait mention du terme gâteau. Le produit n'a pu s'appeler sablé à l'origine. Il a probablement porté le nom de gâteau sablé. Cela a toute son importance. Cela signifierait que le mot sablé pourrait être un qualificatif désignant la particularité du gâteau.

Cette intuition est confirmée par *Les Lettres d'un voyageur à l'embouchure de la Seine* de 1828 d'Amand-Narcisse Masson de Saint-Amand où il fait mention du gâteau sablé d'Alençon.

> « Espèce de pâtisserie assez recherchée, et qui s'émiette comme du sable quand on le mange. Elle se compose d'un tiers de farine, un tiers de sucre, un tiers de beurre. »

Ce produit est plus riche en sucre et en beurre que le sablé classique ou que celui présenté par Pierre Lacam où la quantité de sucre est légèrement inférieure à celle du beurre et la farine équivaut à deux fois le poids du beurre.

Cette notion de gâteau sablé est inscrite dans le *Dictionnaire universel de cuisine pratique* (1905) de Joseph Favre, où il mentionne le gâteau sablé de Caen. C'est une autre sorte de sablé, dressé sous forme triangulaire. Dans cette recette, on retrouve la technique du linzer et l'utilisation d'œuf cuit. Voici le descriptif qu'il en fait :

> « Ce gâteau, qui a pris une extension remarquable depuis 1870, est devenu le gâteau à la mode dans plusieurs villes de province. Caen a été l'une des premières villes à le vulgariser. »

Il précise que cette pâtisserie a été créée sous le Second Empire (1852 -1870).

La recette est plus riche en beurre que celle de Lacam, mais beaucoup plus pauvre en sucre. Le procédé est le suivant :

> « Former la fontaine et mettre au milieu le sucre, le sel, le lait, le beurre et les jaunes d'œufs durs avec la lame du couteau : pétrisser, faire une pâte molette; laisser reposer et fraiser deux fois. »

Le terme gâteau sablé sera utilisé beaucoup plus couramment que sablé jusqu'au début du XXe siècle. Le qualificatif sablé n'est dû ni à son accointance avec la ville de Sablé, ni à la marquise, mais à sa texture friable. La recette a sans doute été adaptée pour rendre le produit moins fragile que fut le gâteau sablé d'Alençon. Les particularités autrichiennes ont été greffées tant dans le procédé, baptisé bien plus tard sablage, que dans l'utilisation d'œufs cuits pour certains d'entre eux.

Le gâteau sablé d'Alençon étant bien antérieur aux dates données par Lacam et Favre, j'ai donc poursuivi ma quête des origines de ce produit.

Il serait préférable de ne pas chercher vers un produit qui ressemble au sablé puisque le gâteau sablé d'Alençon détient tous les attributs d'un quatre-quarts sans les œufs. Je n'irais donc pas regarder du côté de l'Angleterre où existent déjà des variations du sablé. Je ne l'associerais pas non plus au gâteau de Milan qui dès le XVIIIe siècle devient une préparation sucrée. Même s'il possède les caractéristiques d'un sablé, il reste plus cassant que friable. Le sablé d'Alençon un gâteau dense, ce qui est rare, en France, à la fin du XVIIIe et au début XIXe siècle.

La raison d'écarter le gâteau de Milan est technique. Un sablé qui contient autant de beurre que de sucre dans une proportion équivalente à 50 % du poids de la farine sera plutôt cassant même s'il est fait avec des farines pauvres en protéines qui favorisent la friabilité. Le sucre durcit les produits. Pour contrecarrer ses effets, soit on diminue le sucre ou soit on augmente la quantité du beurre de manière significative et/ou on élimine l'apport de liquide, lait, œuf ou de l'eau comme dans le gâteau sablé d'Alençon. Ce sablé se distingue des sablés auxquels on est habitué. Ma conviction est qu'il existe plusieurs recettes, dont la proportion juste des ingrédients permet d'obtenir un produit plus friable, avec des quantités importantes de beurre, une réduction notable de sucre ou une diminution de la quantité des liquides si ce n'est de leur suppression.

Dans son ouvrage *Le nouveau pâtissier-glacier français et étranger* (1865), Pierre Lacam associe le gâteau normand au sablé de Lisieux. Le gâteau normand a sans aucun doute un lien avec la galette normande puisque certaines galettes devinrent des sablés. Au XVIIe siècle, et jusqu'au milieu du XIXe siècle, le sens de la galette ne correspond pas à celui du biscuit ou de la pâte feuilletée, mais à celui d'un gâteau à faible épaisseur. Sachant que le mot gâteau qualifie les produits contenant du beurre et des œufs, la galette peut être associée à n'importe quel type de produit et de texture tout à fait différente. La recette de la galette normande se trouve dans *La pâtisserie et le dessert à la maison; recettes faciles recueillies par une ménagère* (1866). La couverture éveille la surprise, car elle rompt avec la sobriété de celles du début du XIXe siècle. Elle ressemble à un dessin de livre d'enfant légèrement coloré avec une typographie associée aux fêtes foraines. Cette galette normande porte le nom aussi de quatre-quarts. À l'exception des œufs, elle rappelle le gâteau sablé d'Alençon. Quant au gâteau nantais, présent dans le livre, il est identique, mais avec moitié moins de beurre. Ces préparations sont mises dans des moules jusqu'à une hauteur de deux centimètres. Mais pourquoi donc nommer ce produit quatre-quarts ? Le quatre-quarts est un gâteau moelleux qui n'a rien en commun avec le sablé. À l'époque, la poudre levante, qui influence la légèreté du produit, n'existe pas. D'une part, la quantité d'œufs est légèrement inférieure aux autres ingrédients. D'autre part, la technique de fabrication diffère d'un gâteau de type cake (mélange aéré par crémage du beurre) ou du biscuit à la française (blanc d'œufs montés pour alléger la préparation). Le mélange n'est pas foisonné. Le résultat devient donc plus dense et plus friable.

Mais d'où vient ce quatre-quarts ? La France n'a pas inventé ce gâteau. C'est une quasi-certitude. L'examen des recettes françaises des XVIIe et XVIIIe siècles ne permet pas de conclure à un lien entre le quatre-quarts et un quelconque produit d'autant plus que la France a choisi comme gâteau emblématique le biscuit à la française. C'est en parcourant l'Europe que j'ai fini par comprendre la filiation entre le quatre-quarts et le sablé. En allemand, le quatre-quarts se nomme sandkuchen, le gâteau sable. Ce gâteau, on le retrouve dans des livres français, d'abord avec le mot sable (gâteau de sable, gâteau sable) ensuite avec le mot sablé (gâteau sablé). Est-ce une erreur volontaire pour une meilleure consonance, une erreur typographique ou encore une question linguistique ? Difficile de se prononcer. Ce gâteau sable servait en Allemagne à la confection de ce qui s'apparente à de petits sablés.

« Gâteau de sable friable. On prend le jaune de trois œufs, trois cuillères à soupe de sucre fin pilé, une cuillère à soupe de cannelle, un quart et demi de livre de beurre et un peu de farine sèche. On mélange tout cela pendant un bon moment pour en faire une pâte, on en fait de petits tas ronds, on les pose sur du papier enduit de beurre et saupoudré de chapelure, on les enduit d'œufs battus et on les cuit dans le moule à tarte ou dans la rôtissoire, une fois cuits les sortir du four : mais il faut veiller à ce qu'ils ne brûlent pas. Il s'agit d'une pâtisserie très légère et savoureuse. »
(*Grätzerisches durch erfahrung geprüftes Kochbuch1818*)

Dans certains ouvrages de pâtisserie du XIXe, le gâteau de sable est l'autre nom de la Zante tarte sans que l'on sache la raison. Zante est le nom italien de l'île grecque de Zakynthos.

Le sandkuchen est associé à une pâtisserie sèche ou à la génoise dans certains dictionnaires français-allemand du XIXe siècle. Sa composition variera et donnera des produits distincts, malgré l'augmentation ou la diminution du nombre d'œufs (principale différence) et parfois une méthode différente. Comme beaucoup de produits du XIXe siècle, le quatre-quarts d'origine se bonifie avec les années et demeure un quatre-quarts aujourd'hui.

On trouve des traces de ce gâteau au XVIIe siècle. On peut penser qu'il doit être une variante du biscuit d'origine. Ce gâteau est sans aucun doute à l'origine des sablés, même s'il est difficile d'expliquer son périple et la raison pour laquelle il s'est retrouvé en Normandie et en Bretagne pour donner le gâteau normand ou le gâteau breton (gâteau à base de quatre-quarts, futur sablé breton). La possibilité que cela ait suivi le chemin inverse de la France vers l'Allemagne est à mon avis peu probable d'autant que le sandkuchen y est présent depuis le XVIIe siècle. Les pâtisseries ont le plus souvent voyagé d'est en ouest qu'inversement. Cela montre une fois de plus combien les pâtisseries européennes sont étroitement liées.

Le secret d'un sablé est sa friabilité grâce à une quantité limitée de sucre et une farine appropriée. Comme me l'a confié Michel Guérard, chef mondialement connu, « la réussite de la recette consiste, contrairement à ce que certains pensent, à très peu mélanger les ingrédients de manière à obtenir ce grain sablé ».

Cette histoire montre la capacité des pâtissiers de décliner différents produits à partir d'un seul. Hier, les recettes n'étaient pas encadrées et pouvaient évoluer au gré du temps pour donner des gâteaux originaux. Et nous verrons avec la madeleine que le quatre-quarts est à l'origine de bien d'autres pâtisseries. Je dois souligner aussi le rôle de celles que l'on appelait, aux siècles passés, les ménagères. Elles ont approprié la pâtisserie dans nombre de foyers et ont nourri la culture nationale avec la création de produits régionaux qui sont devenus des emblèmes nationaux.

Le biscuit

Que serait l'Occident sans le biscuit ? Il a été de tous les voyages, de toutes les traversées et de toutes les guerres. Sans lui, la faim aurait décimé les voyageurs et affaibli les soldats. Jusqu'au XVIIIᵉ siècle, il a occupé une place prépondérante dans les habitudes alimentaires.

Le biscuit est l'aliment non périssable qui permet de se sustenter sans que cela soit trop désagréable au palais. Le biscuit a une consistance dure et cassante due à sa cuisson. L'étymologie de biscuit laisse entendre que le biscuit était cuit deux fois (bis cuit du latin biscotus : bis, deux ; coctus, cuisson). Le produit doit nécessairement cuire suffisamment au risque de le voir pourrir et de mettre en danger la vie des personnes. Ce principe d'assécher le biscuit par une seconde cuisson paraît d'autant plus indispensable qu'autrefois le biscuit devait se conserver des mois. La présence de l'eau favorise la prolifération bactérienne, le développement de levures et de moisissures. Il devient donc impératif d'assécher au maximum le produit. Selon le *Glossaire nautique* de 1848 d'Augustin Jal, le biscuit a cours à Venise au XIIIe siècle où marchands et voyageurs en emportaient lors de leur traversée en bateau. À Gênes, en 1441, l'office de la marine publia une ordonnance où elle affirmait que chaque marin devait garder sur lui trente onces de biscuit par jour. Ce n'est pas simplement en mer que les biscuits serviront de nourriture. Les biscuits, en forme d'anneaux accrochés à la ceinture des soldats, leur permettaient de résister à de longues campagnes. Le biscuit n'était pas le seul aliment à accompagner les traversées. Cependant, la facilité de l'emporter en voyage, de le manger en toute circonstance, ainsi que sa bonne conservation a contribué à sa renommée.

Voici ce que raconte François Pyrard, dans son *Voyage de François Pyrard de Laval [...]*, volume 2 1619 :

« […]Il est aussi blanc que notre pain de chapitre; aussi pour le faire, ils prennent du pain le plus blanc, qu'ils coupent en quatre morceaux tout plats, puis les remettent cuire au four par deux fois; Ce biscuit est de tres-bò goust. »

Le mot biscuit est un raccourci. Le nom exact est pain biscuit. Biscuit est un qualificatif pour indiquer l'état du pain. Souvent en pâtisserie, seul le qualificatif subsiste avec le temps, comme nous l'avons déjà vu pour d'autres produits.

Non seulement associé au voyage, le biscuit sert aussi de remède en médecine comme le rappelle Nicolas Abraham de La Framboisière, médecin et conseiller du roi, dans *Les Oeuvres de N. Abraham de La Framboisière* datant de 1669 :

« On fait du pain biscuit de la fleur de farine de froment pour ceux qui font diette, à fin de dessecher les humeurs superfluës du corps. On adiouste quelques fois à la paste succre, canelle, poyure ou gingembre; quelque fois de l'anis pour mager aux desserts de Careme. On fait aussi du biscuit de seigle, de meteil, d'orge, & autres bleds pareils avec peu de levain, pour les mariniers qui entreprennent lointain voyage sur la mer […] »

Cette explication sous-entend que le biscuit pourrait être sucré, ce que confirme Antoine Furetière dans son dictionnaire :

« Biscuit : pain fort désséché par une double cuisson d'où il est appelé biscuit pour le garder long temps, & particulièrement sur la mer. Le biscuit est bon à tremper dans le vin d'Espagne. La soute est le lieu où on garde le biscuit dans les vaisseaux. Le biscuit pour les voyages de long cours se cuit quatre fois & on le fait six mois avant l'embarquement.
Biscuit est aussi une pâtisserie friande faite de la plus fine farine, des œufs et du sucre : on y met aussi de l'anis & l'écorce de citron. »

Mais comment est-on passé d'un biscuit salé de survie à un biscuit sucré plus raffiné ?

La réponse est donnée par Vincenzo Tanara, magistrat italien, dans son traité *L'economia del cittadino in villa* écrit en 1644.

Dans son livre, Tanara souligne que le pain biscuit allégé avec du lait et du sucre le rendait plus agréable et digeste. Ne perdons pas de vue que le biscuit est considéré aussi comme un remède pour les malades ; sans sucre et sans œufs, il est dur et paraît plus lourd. Ce biscuit, enrichi de sucre et d'œufs, se nommera pain d'Espagne. Lorsque celui-ci est coupé en bâtonnet, saupoudré de sucre, puis cuit à nouveau, comme le produisaient les moines et les nonnes, il est appelé biscuit de Savoie.

Ainsi le biscuit de Savoie est à l'origine un biscuit cassant qui ne ressemble en rien à ce que nous connaissons aujourd'hui. Une fois encore la légende qui veut que le gâteau de Savoie ait vu le jour à une réception donnée par le comte de Vert, comte de Savoie, au XIVe siècle pour l'empereur d'Allemagne Charles IV est sans aucun doute erronée, même si l'auteur est Pierre Larousse, dont on connaît la rigueur de son travail.

Dans un livre antérieur à celui de Vincenzo Tanara, *Le pour traict de la santé où est au vif presentée la reigle uniuerselle [et] particuliere, de bien sainement [et] longuement viure* paru en 1606, l'auteur Joseph Du Chesne affirme que le biscuit devient plus agréable à la mâche lorsqu'il est sucré et contient des œufs. Il décrit aussi différentes sortes de biscuit dont la préparation avant la cuisson est soit plus liquide, soit plus ferme. Le biscuit de la Royne, qui deviendra biscuit à la reine, était populaire à Paris, en plus de trôner à toutes les bonnes tables et les festins. À la différence de Tanara, Du Chesne ne mentionne pas le biscuit de Savoie. Ainsi les bâtonnets de pain d'Espagne ne s'appelleraient pas encore biscuit de Savoie au début du XVIIe siècle. Les biscuits présentés dans le livre de Du Chesne sont des produits rigides à l'exception du pain d'Espagne qui est cuit une seule fois.

C'est là que se produit une scission entre les biscuits fermes et les biscuits tendres.

Par la suite, dès la fin du XVIIe siècle en France, le biscuit tendre devient un gâteau moelleux et allégé et le restera jusqu'à nos jours, du moins pour les pâtissiers. Pour la majorité de la population française le biscuit est un biscuit cassant et friable à l'image du sablé. La définition du mot biscuit diffère d'un pays à l'autre. En Espagne, le biscuit, bizcocho, est un produit spongieux que le grand public nomme gâteau ; les Anglo-saxons l'ont baptisé sponge cake ; et moi, je l'ai appelé biscuit à la française afin d'éviter tout malentendu avec le biscuit cassant. En Italie, le biscuit, biscotto, reste un produit craquant alors que le biscuit à la française se nomme pain d'Espagne (pan di spagna) qui a conservé son nom d'origine. Ainsi la confusion règne d'autant plus que, pour les Américains, le mot biscuit désigne une préparation ressemblant au scone (une espèce de petit pain).

Le XIXe siècle donne à la pâtisserie française ses lettres de noblesse en enrichissant le biscuit moelleux avec du beurre et en le déclinant de mille et une façons. En Angleterre, c'est davantage le biscuit cassant qui connaît une grande renommée avec des centaines de variétés. Au milieu du XIXe siècle, en Angleterre, commence la fabrication industrielle des biscuits. À la même époque, Louis Lefèvre-Utile lance le biscuit Lu, que nous apprécions encore aujourd'hui.

Le biscuit à la française va connaître des variations au cours du XVIIIe siècle et deux méthodes vont se concurrencer. Dans la première, les jaunes d'œufs sont séparés des blancs d'œufs. Ces derniers sont montés en neige. La deuxième, les œufs sont battus avec le sucre auquel est ajoutée la farine. La première méthode s'impose et dicte la façon de produire ce type de biscuit tout au long du XIXe siècle. Le gâteau de Savoie devient l'emblème des biscuits à la française.

Mais alors qu'en est-il de la génoise, cet autre biscuit à la française célèbre au XXe siècle qui a constitué l'une des bases de la pâtisserie française ?

La génoise a deux particularités. La première est sa méthode de confection dans laquelle les œufs sont montés avec le sucre sur le feu. Et la deuxième est son nom.

Au XIXe siècle, génoise est une appellation commune qui qualifie différents produits tels biscuits à la française ou crèmes. Il existe un biscuit à la française, nommé génoise, qui est confectionné avec des amandes et duquel Marie-Antoine Carême en déclinera différentes versions. Jules Gouffé la qualifie de génoise à l'ancienne. Nous n'en serons pas plus sur l'origine du nom génoise et de son association au biscuit à la française.

Le biscuit « génoise » va s'imposer de plus en plus à la fin du XIXe siècle. Il est confectionné le plus souvent à froid, c'est-à-dire en montant les œufs et le sucre sans chauffer la préparation comme le mentionne Émile Hérisse, pâtissier de l'époque, dans son livre *Manuel pratique du pâtissier-confiseur-décorateur*. La méthode où le mélange est chauffé sur le feu n'est pas la plus courante. La génoise contient du beurre dont la quantité varie selon la finesse recherchée. Ce n'est que dans les années 1960 que la génoise sans beurre devient la norme au détriment de tous les autres biscuits à la française disparus au début du XXe siècle comme la méthode à froid remplacé par la méthode à chaud. La génoise n'est plus qu'un biscuit ordinaire sans beurre, ce qui conduira à l'imbiber pour éviter qu'elle ne sèche. La méthode à froid reviendra au XXIe siècle quand Hervé This, physico-chimiste français et co-inventeur de la gastronomie moléculaire, la présentera aux pâtissiers français éblouissant nos contemporains alors que cette pratique a cours depuis plus d'un siècle. Aujourd'hui, la génoise n'est plus utilisée par les pâtissiers qui lui préfèrent d'autres biscuits à la française tel le biscuit Joconde, dont l'histoire sera abordée avec celle de l'opéra. Quant au gâteau de Savoie, il est en voie de disparition chez les professionnels.

Avant de clore le chapitre, je tiens à mentionner deux spécialités, l'une aujourd'hui disparue et l'autre très présente au XXe siècle et considérée comme une base de la pâtisserie française.

Le gâteau Cussy est le plus célèbre biscuit à la française du XIXe siècle et a disparu du répertoire des pâtissiers. On le doit au marquis de Cussy qui fut l'un des plus grands gastronomes de son temps et aussi un critique reconnu. À cette époque, il était ainsi décrit dans *les classiques de la table* 1852 :

« M. de Cussy était un grand maître de la gastronomie. Au rebours de Brillat-Savarin, qui, dit-on, professait plus qu'il ne dînait. M. de Cussy commençait par dîner, sauf à professer ensuite. »

S'il n'eut pas droit à la postérité comme ses illustres contemporains que furent Grimod de la Reynière et Brillat-Savarin, c'est qu'on lui reprochait de ne pas avoir été un homme de lettres comme mentionné dans *les classiques de la table [...]* 1852:

« M. de Cussy est plutôt un épicurien qu'un écrivain ; sans doute, les fragments qu'il a laissés sont pensés et écrits avec infiniment de savoir, de goût et d'esprit, mais ils sont plutôt d'un amateur distingué, d'un homme du monde que d'un homme de lettres. »

Le lecteur français a toujours été charmé par le style et l'élégance des mots, jusqu'à parfois en oublier la profondeur du contenu.

Le pâtissier Bourbonneux donnera à ce biscuit ces lettres de noblesse et le nommera le gâteau Cussy. Ce gâteau, riche en amandes, tient sa particularité aux œufs montés en mousse sur un feu doux, soit la même façon dont on prépare la génoise de nos jours. Selon le journal *Le Tintamarre* de 1853, la recette de ce gâteau est celle du marquis. Tous les gourmands ne tarissaient pas d'éloges pour ce gâteau. Voici ce qui fut écrit dans ce même journal ;

« Le Cussy, gâteau délicieux, qui se confectionne dans toutes les proportions (c'est-à-dire à tous les prix), ce gâteau, application d'une recette du spirituel marquis de Cussy, — s'emporte partout en ce moment. — À la campagne, pendant une longue promenade dans les bois, Il est un secours ; c'est un aliment léger, nourrissant, plein de fraîcheur et d'arôme. Avec un verre de vin de Sauternes, c'est tout un repas d'attente ; il conduit au dîner. Le Cussy offre le même appui, les mêmes ressources, on le comprend, — en voyage, dans la voiture ou le chemin de fer. Ses miettes ont la pureté du pain de Vienne ; elles ne tachent pas. Une légère glace conserve les diverses qualités du Cussy, sans affaiblissement d'aucunes, pendant la durée du voyage ou de la cours. Le Cussy, qu'on mange aujourd'hui partout, est un entre-repas de distinction : il convient aux faibles aussi, aux convalescents, aux appétits insolites, fantasques. Son prix n'est pas élevé en raison des qualités qu'il a et qu'une rapide analyse des papilles indique à l'instant. La vogue de ce gâteau d'été, de ce gâteau élégant, est toujours la même depuis 2 ans : elle est immense. »

L'autre spécialité à laquelle je veux m'attarder est un biscuit à la française qui existe toujours : le pain de Gênes, probablement une variante du biscuit de Gênes d'Urbain Dubois.

La légende veut que lors du blocus de Gênes, les soldats de Napoléon dépourvus de nourriture aient mangé un gâteau lourd à base d'amandes, seules denrées disponibles. En réalité, ce jour-là, ce que mangèrent les soldats fut une espèce de pâte cuite composée d'amandes, de graines de lin, d'amidon, de son de blé et de maïs, d'avoine, d'orge, de cacao, de gomme arabique et autres substances comestibles. C'est ainsi que Paul Thébault, baron et lieutenant-général, révèle dans le *Journal des opérations militaires et administratives des Siége et blocus de Gênes*, qu'en amalgamant le tout, on obtient une composition qui se substitue au pain. « Il est impossible de rien imaginer de plus dégoûtant que cette espèce de nourriture », précise-t-il. Je ne donnerai pas les détails des conséquences d'un tel mets sur le système digestif. Le pain de Gênes et le biscuit Ambroisie se confondent souvent, mais Pierre Lacam et Antoine Charabot expliquent la différence dans leur livre d'histoire de la pâtisserie. Ils associent le premier à la maison Chiboust et le second à la maison Frascati. La principale différence entre les deux produits est l'ajout de liqueur, le curaçao ou le marasquin, dans le biscuit Ambroisie.

Le croissant

Que n'ai-je pas écrit sur le croissant pour tenter de restituer une part de vérité sur cet emblème français ? D'ailleurs, je ne suis pas le seul à m'être attardé sur son histoire. Et pourtant, les faits historiques n'ont pas réussi à contrecarrer l'histoire maintes fois racontée au sujet des boulangers autrichiens qui auraient en 1683 permis de déjouer l'invasion ottomane. Cette victoire se serait traduite par des pains en forme de croissant, emblème turc. La plupart des historiens ou ceux qui ont étudié le sujet s'entendent à dire que cette histoire reste une légende à l'image de toutes celles construites au XIXe siècle, comme l'entrée du croissant en France avec l'arrivée de Marie-Antoinette qui ne repose sur aucun fondement. La certitude sur laquelle tout le monde s'accorde est que le croissant fut introduit en France par August Zang, propriétaire de la boulangerie viennoise du 92 de la rue Richelieu, ouverte en 1839.

Les historiens n'ont cessé de chercher à comprendre comment ce croissant est devenu feuilleté. Malheureusement, les références jalonnant le XIXe siècle ne sont pas suffisamment nombreuses pour éclaircir la question.

Le premier croissant feuilleté était-il vraiment français ? Où les Français l'ont-ils emprunté aux Danois voire aux Autrichiens lors des expositions universelles qui ont lieu à la fin du XIXe siècle et au début du XXe siècle à Paris ?

Selon l'historienne danoise de l'alimentation Bi Skaarup, c'est le croissant autrichien qui fut introduit en 1843 au Danemark. La question est : est-il feuilleté ? Et si ce n'était pas le cas, comment l'est-il devenu ? Il aura fallu un peu moins d'un siècle pour que le croissant français devienne un croissant feuilleté. Les Danois l'ont-ils rendu feuilleté avant les Français ? N'oublions pas les Autrichiens. Après tout, ne serait-ce pas eux qui ont inventé le croissant feuilleté?

Lorsqu'on parle du kipferl, croissant autrichien, on oublie souvent qu'il existe aussi un biscuit aux amandes, le vanilla kipferl aussi célèbre que le premier. C'est d'ailleurs ce biscuit qui apparaît quand on tape kipferl dans Google Autriche. Il faut écrire germ kipferl (croissant à la levure) pour que s'affiche le croissant autrichien. Que fut à l'origine le kipfel (graphie ancienne)?

La réponse se trouve dans un livre de cuisine viennoise, *Wienerisches bewährtes Kochbuch in sechs Absätzen [...]*, de 1790. L'ouvrage comporte différents types de kipfel : à la levure, feuilletés et briochés. Mais lequel des trois représente le kipfel initial? J'ai donc continué mes recherches et j'ai trouvé un autre ouvrage autrichien encore plus ancien, un livre de cuisine salzbourgeoise, *Saltzburger Kochbuch* datant de 1750, dans lequel on y trouve une seule recette de kipfel :

[Traduction : madame Gwenola Bayon]
« Pour faire de bons kipfels courbés.
Mettre sur le plan de travail une demi-livre de farine de fine fleur, rajouter 12 cuillères à soupe rases de beurre finement coupé (environ 180 g de beurre). Bien pétrir avec un rouleau à pâtisserie. Casser un œuf et un jaune d'œuf dans un saladier, rajouter 2 cuillères de levure et 5 cuillères de crème. Pétrir la pâte, l'étaler et la découper en triangles avec une roulette à pâtisserie, les garnir de raisins cuits à l'étuvée, de raisins secs, d'amandes effilées, de citron, de cannelle et mélanger avec du sucre. Enrouler ensuite la pâte avec la garniture en lui donnant la forme courbée d'un croissant; on peut aussi si on le souhaite utiliser d'autres garnitures tout aussi bonnes. Badigeonner les croissants avec un œuf, les mettre sur une plaque, les laisser dans un endroit chaud, les cuire ensuite à chaleur moyenne puis les recouvrir d'un glaçage au sucre, les saupoudrer d'anis, les remettre au four afin que le glaçage prenne et durcisse. »

Rien n'indique la présence de levure. Cependant, pourquoi les laisser reposer dans un endroit chaud si ce n'est pas un produit levé? Gerben pourrait être une erreur d'impression. Gerben aurait été écrit à la place de germ, levure en autrichien. Cela semble des plus probables. Gerben a un lien avec le travail du cuir, et aucun avec la pâtisserie. L'édition de 1790, semblable à celle de 1750, remplace gerben par germ, ce qui confirmerait mon hypothèse.

La glace de sucre blanc est la glace royale, un mélange de blanc d'œuf, de sucre et de citron.

Ainsi le croissant ne serait pas à l'origine un petit pain ordinaire, mais un pain garni comme peut l'être la danoise.

Mon apprentissage des usages et du vocabulaire du XVIIIᵉ siècle m'a permis de déduire que kipfel ne signifie pas un croissant, mais plutôt un petit pain allongé. Ce petit pain est roulé, comme le serait un croissant, sans être courbé. Il garde une forme allongée. Il ressemble à ce que les Autrichiens nomment de nos jours stangerl. Seul le kipfel avec la mention Krumme (courbé) a la forme du croissant. Par défaut, kipfel a été associé au croissant, car le krumme kipfel (petit pain courbé) fut sans doute le plus populaire et le plus reconnu, mais surtout le plus ancien.

Dans l'ouvrage de 1790, on décrit une tout autre recette d'un croissant feuilleté sous le titre de croissant à la levure.

[Traduction : madame Gwenola Bayon]
« Mettre une demi-livre de farine sur une planche à pâtisserie, rajouter 4 jaunes d'œuf, 2 cuillères de levure, un peu de graisse (saindoux?) et délayer la pâte avec de la crème comme une pâte à strudel à la crème, pétrir la pâte jusqu'à ce qu'elle fasse des bulles et l'étaler de l'épaisseur d'un doigt. Rajouter une demi-livre de beurre dans la pâte et l'étaler de nouveau, rabattre la pâte 4 fois sur la planche à pâtisserie et la couper en 4 morceaux ou plus, si désiré. Abaisser les morceaux de pâte sur l'épaisseur d'une lame de couteau. Découper à la roulette à pâtisserie des triangles et les garnir de raisins, de griottes ou d'abricots (peut-être s'agit-il ici de confitures). Enrouler les triangles en leur donnant la forme de croissants, les déposer sur une feuille de cuisson et les laisser

reposer, puis les enduire avec un œuf, les saupoudrer de sucre et les mettre ensuite à cuire. »

La pâte feuilletée figure dans le livre sous le nom de butterteig (pâte au beurre). La méthode française de sa confection est considérée comme une méthode alternative, alors que la principale méthode fait penser à celle de la pâte feuilletée inversée déjà évoquée précédemment.

[Traduction : madame Gwenola Bayon]
« Prendre une livre de farine et la diviser en 2 parts égales. Dans la première part de farine, y incorporer (en pétrissant) une livre de beurre. Faire une boule avec la pâte et la mettre dans un saladier en étain, la recouvrir et la laisser reposer. Incorporer dans l'autre moitié de la farine un morceau de beurre de la taille d'une noix (pris sur une 2e livre de beurre), saler la pâte et émietter le beurre en petits morceaux sous la farine. Prendre ensuite 2 œufs et 2 jaunes d'œuf ainsi que l'équivalent de 2 coquetiers d'eau-de-vie (NDA ce qui correspond environ à 2 petits verres d'eau-de-vie). Rajouter ensuite du lait, jusqu'à ce que la pâte ramollisse, puis la pétrir sur la planche avec un couteau jusqu'à ce qu'elle devienne dure. Former une boule puis l'étirer dans le sens de la longueur et de la largeur, jusqu'à ce qu'elle ne colle plus aux mains, mais il ne faut en aucun cas rajouter de la farine. Étirer ensuite un peu la pâte, la mettre dans un saladier en étain, la recouvrir et la laisser reposer, la remettre ensuite sur la planche et l'étirer, rajouter le reste de beurre et pétrir le beurre dans la pâte jusqu'à ce qu'il soit bien incorporé. Rabattre ensuite la pâte 3 fois sur elle-même, l'étirer et la rabattre 4 fois sur elle-même. Répéter ceci 4 fois, laisser ensuite de nouveau la pâte reposer, l'abaisser de l'épaisseur d'une lame de couteau et faites-en ce que vous voulez. »

La traduction de ce texte a été complexe. Néanmoins, elle permet d'imaginer ce que représentait cette pâte feuilletée inversée ou du moins qui y ressemble.

En résumé, le croissant d'origine est un petit pain allongé qui peut être garni d'une farce. Il devient un croissant lorsqu'on lui donne une forme courbée. Par la suite, le croissant a pu être feuilleté ou non.

Pour quelle raison August Zang n'a-t-il pas proposé une plus grande variété de kipfel? Ou est-ce que seul le petit pain en forme de croissant avait grâce à ses yeux? Rappelons qu'August Zang n'était pas un boulanger. Ainsi les Français eurent droit à un croissant dénué de garniture alors que les danois le connurent fourré de produits divers, ce qui expliquerait des traditions différentes.

La première recette de croissant dans un livre français apparaît dans la troisième édition de *La cuisine classique* d'Urbain Dubois et Émile Bernard (1868). Le croissant est inscrit à la rubrique « Pâtisserie et petits gâteaux pour le thé » sous le nom de croissants au beurre. Curieusement, la recette ne figure pas dans les éditions précédentes ni dans les suivantes. Dans le livre, on décrit le croissant comme un petit pain contenant du beurre et du lait. Il est roulé, comme les Autrichiens le font aujourd'hui, et est glacé à la sortie du four avec une préparation d'eau et d'amidon cuit.

Dans son livre *Le pâtissier viennois expérimenté* – paru en 1839, année de l'ouverture de la boulangerie viennoise à Paris –, Elisabeth Stöckel apporte un tout nouvel éclairage. Elle explique ce que furent les kipfels au début du XIXe siècle.

On y apprend que le pâtissier peut donner des tours au kipfel, même s'il n'est pas feuilleté, avant de l'abaisser. De plus, il confectionne le kipfel feuilleté en mélangeant le beurre et la farine, c'est-à-dire qu'il semble sabler la farine et le beurre avant d'ajouter des liquides. Ensuite, il procède comme pour le feuilletage, Dans le livre, on y trouve surprenamment la recette d'un kipfel à la française. Il est riche en œufs, et la quantité de beurre est considérable, soit exactement 3/4 du poids de la farine. Il est produit comme toutes les pâtes 2 à 3 tours. Si le beurre n'était pas mélangé à la farine, nous aurions un croissant feuilleté. Autre remarque intéressante : dans le livre, les pâtes sont généralement salées et ne contiennent pas de sucre à l'exception de celle du kipfel à la française qui contient une faible quantité de sucre. La recette du kipfel à la française diffère de celle du croissant au beurre d'Urbain Dubois.

La préface de Stöckel permet de comprendre qu'elle a pris une certaine liberté du fait du manque de référence fiable.

[Traduction]
« L'intention de l'auteure, en publiant cet ouvrage, est de remédier, du moins en partie, à une lacune sensible de notre littérature culinaire; car s'il existe un grand nombre d'excellents livres de cuisine, rédigés avec beaucoup de clarté et de savoir-faire, il n'en existe encore aucun, à notre connaissance, qui s'est donné pour tâche exclusive de traiter et de préparer toutes sortes de pâtisseries; et pourtant, c'est là la partie de l'art culinaire le plus difficile et le plus intéressant pour les ménagères. Dans cet ouvrage, l'auteure s'est appuyée en grande partie sur sa propre expérience, mais elle pense qu'on ne lui reprochera pas d'avoir emprunté ici et là des recettes éprouvées à des livres de cuisine. »

Ce kipfel à la française soulève bien des questions d'autant qu'il n'est pas plié en forme de croissant. D'un point de vue technique, une grande quantité de beurre dans la pâte et la manière de procéder donnent au produit une texture légère et aérée différente de celle d'un petit pain viennois que l'on connaît de nos jours, d'autant plus que la pâte est fermentée une fois façonnée et non initialement.

Des petits pains de type pain viennois existaient en France avant l'arrivée de Zang. Donc, ce kipfel à la française, même s'il n'était pas complètement feuilleté, se distinguait. Il suffit de modifier la technique de fabrication : on met le beurre dans la pâte au lieu de le mélanger à la farine et ainsi on crée un petit pain feuilleté.

L'histoire nous réserve des surprises. Dans *Le Courrier français* de 1839, un article relate l'histoire de Frischmuth, gendre et successeur de Félix, propriétaire de l'une des meilleures boulangeries de Paris au 35 Neuve-Vivienne, qui vient d'agrandir sa boulangerie en la dotant de fours les plus modernes en vue de perfectionner sa panification et rivaliser avec celle de Vienne en Autriche. Et le journaliste écrit en fin d'article :

« Avec les petits pains dits Kipfel qu'il tient avec succès depuis plus de quatre années. »

La recette du kipfel à la française rapportée dans le livre autrichien de Stöckel de 1839 serait donc la sienne. Rappelons-nous que ce croissant n'était pas courbé, et s'il l'avait été, l'auteur l'aurait indiqué. Cela explique pourquoi le journaliste fait mention de petits pains et non de croissants ou de petits pains en forme de croissant. Je doute qu'il omette un détail aussi significatif. Ce qui veut dire le kipfel et sans doute bien d'autres produits autrichiens existaient bien avant l'ouverture de la boulangerie viennoise d'August Zang. Ce dernier a eu le génie de présenter le kipfel de manière courbée, de le baptiser « croissant » et de ne pas conserver son nom d'origine. La nouveauté et le nom français ont fait la différence même si son croissant était moins riche et de texture plus ordinaire que celui de Frischmuth. Le marketing a, de tout temps, prévalu sur la qualité du produit. L'ouverture de la boulangerie viennoise est une véritable révolution à une époque où le pain français n'est pas très bon et où les Parisiennes ont peur de pénétrer dans les boulangeries. Voici ce qui est écrit dans *La Gastronomie, revue de l'art culinaire ancien et moderne* du 24 novembre 1839 sous le titre de Boulangerie et Pâtisserie Viennoises, Rue de Richelieu, 92.

« De toutes les branches de l'art alimentaire, il n'en est pas une qui mérite un plus haut degré d'attention que la fabrication du pain, cette nourriture obligée des riches et des pauvres, des hommes, des femmes et des enfants. Cependant, au milieu de tous les progrès du siècle, on remarquait avec surprise et peine tout à la fois que l'art de faire le pain en était toujours resté au même point de perfectionnement; que loin d'avancer, il avait en quelque sorte plutôt rétrogradé.

La boutique du boulanger s'obstinait à garder le dernier rang parmi les boutiques, lorsqu'il lui appartenait d'occuper le premier rang. Toujours sale et puante, enfumée et enfarinée, avec ses mitrons aux trois quarts in naturalibus, avec ses boulangères grossières et hargneuses, elle ne pouvait plus être fréquentée que par des cuisinières, des colporteurs et des maçons. Les maîtres de maison, obligés de s'interdire l'entrée de ces antres de Cyclopes, sous peine de ne pouvoir plus manger sans dégoût une bouchée de pain, laissaient le champ libre à la fraude et au vol, et le tribunal de police correctionnelle avait peine à suffire aux jugements sévères qu'il lui fallait prononcer chaque jour contre les coupables.

Il était temps que la boulangerie se relevât de son abaissement. Déjà, de nobles efforts avaient été tentés avec succès par plusieurs boulangers, à la tête desquels nous devons placer M. Félix, rue Neuve-Vivienne, 35. M. Félix eut à lutter contre la routine et la rage jalouse de beaucoup de ses confrères; mais il ne perdit pas courage et la victoire lui resta. M. Frischmuth, son gendre et successeur, persiste dans la bonne voie; il apporte tous les jours de nouveaux perfectionnements dans la fabrication de ses pains et de ses pâtisseries. Aussi ses élégants salons sont-ils fréquentés par la meilleure compagnie de Paris, qui ne cesse pas de faire l'éloge des bretzels au beurre et à la crème et des manières gracieuses de la maîtresse du magasin.

Mais il vient d'arriver un concurrent redoutable. C'est M. Zang, de Vienne, qui s'est tout d'abord établi dans le beau milieu de la rue de Richelieu. La foule ne quitte pas son magasin depuis une quinzaine de jours qu'il est ouvert. Dedans, dehors la foule est partout. On regarde, comme aux vitres des marchands de gravures du passage Véro-Dodat et de la rue du Coq Saint-Honoré. Et que regarde-t-on ? De délicieux salons, vrais boudoirs de danseuses de l'Opéra, avec glaces, tentures et tout ce que le luxe a de plus recherché; on regarde des pains, oui, des pains, mais quels pains! jaunes, dorés dessus et dessous, comme des brioches! On regarde encore, non seulement tous les produits de la pâtisserie française, mais tous ceux des pâtisseries étrangères, et plus spécialement de celles de Vienne, telles que gugelhupf, krapfen, strudel, biscuits de Presbourg, etc. Que la barbarie des noms ne vous effraie pas; mangez, mangez toujours, et vous m'en direz des nouvelles. Il y a longtemps que ces gâteaux sont appréciés par les gourmets de tous les pays.

Le système de M. Zang se distingue de tous ceux connus jusqu'à ce jour 1° par un nouveau procédé de fermentation qui a pour résultat de rendre la pâte très légère et d'une digestion facile, tout en y conservant le maximum de sa substance nutritive; 2° par une cuisson nouvelle, à la vapeur, qui donne au pain un croquant si flatteur au goût et un glacé naturel à sa surface, qu'aucune cuisson parisienne n'a encore su produire.

Il y a dans cette boulangerie, trois fois par jour, du pain frais cuit de toutes les espèces. On est servi à domicile et aux heures que l'on indique. Il suffit pour cela d'écrire un mot à M. Zang par la petite poste, comme vous écririez à un directeur de théâtre ou au député de votre arrondissement. Que voulez-vous demander de plus?

Pour moi, je déclare que je n'ai jamais rien mangé de meilleur, en fait de pain, que celui de M. Zang et de M. Frischmuth. Je ne sais même pas si cela n'est pas trop bon pour du pain, car il est des bornes à tout dans ce monde. Ce que je vous signale surtout, ce sont les pains de seigle. Demandez-les sortant du four, et faites de minces tartines (les plus minces possibles), sur lesquelles vous étendrez du beurre d'Isigny ou de la Prévalais. Si vous pouvez manger avec le thé quelque chose de plus délicat, je consens à dîner à table d'hôte jusqu'à la fin de ma vie. Ce que j'aime aussi de ces pains, c'est leur propreté, c'est leur aspect appétissant. Je me figure que ce sont de blanches et douces mains de femmes qui les pétrissent. Et quand je pense que la semaine dernière un de mes amis a trouvé dans un pain de gruau acheté chez un boulanger de la Chaussée-d'Antin, devinez quoi?…

Oh! c'est bien dégoûtant! cependant, il faut que vous le sachiez pour votre gouverne… Préparez-vous… Il a trouvé… une horrible chique de tabac!! (Historique.) Pouah!… »

L'arrivée de la boulangerie viennoise va provoquer aussi un changement dans la fabrication des pains. La levure prend le dessus sur le levain. Dans l'article concernant le kipferl de Frischmuth, il est écrit qu'incessamment, dans cette boulangerie, le pain sera produit sans levain par un nouveau procédé qui améliorera sensiblement son goût. On peut se demander si l'article ne fait pas allusion à la méthode de la « poulish », mélange en quantité égale d'eau et de farine et de la levure, que l'on a prêté parfois l'origine à August Zang. Cette poulish ajoutée à la pâte à pain permet une meilleure pousse avec une saveur particulière.

La première recette du croissant feuilleté apparaît le 15 mars 1895 dans *Le journal des confiseurs-pâtissiers* sous la plume d'un certain B.J. Cette recette est particulière puisqu'elle s'exécute comme le feuilletage, mais la pâte une fois faite est roulée pour pousser puis rabattue plusieurs fois. Il est précisé : cela permet une meilleure in-corporation du beurre. On peut se demander si la pâte est « reboulée » ou plutôt qu'on lui fait faire plusieurs tours.

Cette méthode, qui s'apparente à toutes les précédentes et laisse à penser que le kipferl n'est pas qu'un simple petit pain. Sa technique de fabrication est sans doute ce qui le caractérise.

Favrais, auteur du manuel du boulanger et de pâtisserie-boulangère, produit en 1904 le premier croissant avec un laminoir appelé machine à tourner les croissants de Guérimand. C'est l'époque où l'on fait les premiers sandwichs à base de croissant. La recette de Favrais ressemble à celle rapportée dans Le journal des confiseurs-pâtissiers de 1895. Ce croissant devait être partiellement feuilleté.

Les premières recettes de croissants feuilletés tels qu'on les connaît de nos jours se trouvent dans les ouvrages d'Auguste Colombié, célèbre cuisinier du début du XXe siècle, destinés à la ménagère, l'un traitant de la cuisine et l'autre de la pâtisserie. La distinction entre le croissant du boulanger et du pâtissier s'impose. Le croissant du boulanger est moins riche en beurre. Le croissant du pâtissier va varier selon les maisons, jusqu'à ressembler à une brioche feuilletée. Cette distinction va se perpétuer jusqu'au début de la deuxième guerre mondiale.

Après la deuxième guerre mondiale, le croissant du boulanger vaincra. Depuis, les quantités de sucre et de beurre n'ont cessé d'augmenter pour avoir aujourd'hui un produit proche d'un croissant du pâtissier.

En résumé, le kipferl d'origine n'était sans doute pas tout à fait un pain comme on l'entend de nos jours du fait de sa technique de fabrication à 2 ou 3 tours, ce qui lui donnait des caractéristiques particulières. D'ailleurs, cette technique n'est pas propre au kipferl, elle a été aussi utilisée pour le biscuit LU de Lefèvre-Utile. De fait, ce procédé a favorisé l'évolution du petit pain vers un feuilletage plus classique. Cependant, avant d'arriver à un produit feuilleté, les boulangers de l'époque, qui ont cherché à imiter le kipferl, n'ont pas toujours saisi ses subtilités. Cela expliquerait son association à un petit pain étant donné l'absence de beurre dans certaines recettes ou l'utilisation de techniques qui ne ressemblaient pas à l'original. Après que les boulangers, qui connaissaient la technique, se sont mis à le populariser entre autres, en le révélant dans *Le journal des confiseurs-pâtissiers* de 1895, que le croissant français a connu un essor considérable. Bien évidemment, cela demeure une hypothèse, mais qui reste à ce jour la plus plausible au vu de ce qui a été démontré jusqu'à présent.

Le macaron

La première fois que j'ai écrit sur le macaron, je me suis égaré dans les dédales de l'histoire de l'Italie (macaroni) et de la France (macaron), persuadé que le macaron était toujours écrit ainsi. Depuis, je me suis attardé sur l'orthographe des mots et sur leur étymologie. Après quelques recherches, j'ai découvert que macaron pouvait s'écrire aussi maquaron au XVIIe siècle. Cette vieille orthographe pourrait remettre en cause ce que bon nombre d'historiens ont écrit au sujet du macaron. Beaucoup d'entre eux citent Rabelais comme le premier à faire allusion au macaron. Mais le macaron de Rabelais est-il le même que le maquaron ? Si le macaron représente souvent une pâtisserie comme chez Rabelais, il peut être aussi un plat de viande. Un dictionnaire bilingue anglais et française souligne que le macaron peut être une pâtisserie aux amandes, telle qu'elle sera décrite dans le paragraphe suivant, mais aussi la version du macaroni italien. Ceci pourrait expliquer la corrélation que certains historiens ont fait entre macaroni et macaron. Pourtant, l'Académie française d'alors ne confirme pas l'association de macaron et macaroni. Elle prétend que quelques-uns font cette relation sans affirmer qu'il existe un lien. Macaron aurait ainsi deux sens, ce qui a généré sans doute la confusion.

J'ai retrouvé l'origine de maquaron dans un traité de diététique en latin de 1607. L'auteur fait allusion à une espèce de pain maritime que les Gaulois nommaient maquaron. Il propose deux recettes dont celle-ci :

« Recette : 1 liv. d'amandes douces macérées dans l'eau, épluchées, qu'il vaut mieux écraser dans un mortier, et arrosées d'eau de rose; ajouter 1 liv. de sucre, le tout étant bien remué, laisser cuire la masse dans une casserole en étain, puis dans un four chaud; d'où, lorsqu'il est modérément cuit, on coupe de petits morceaux, de la taille d'un pouce environ; ceux-ci, retirés du papier, sont à nouveau cuits dans le même four pendant un quart d'heure. Ensuite, il est retiré du papier et placé dans un endroit chaud pour sécher. Certains ajoutent un peu de gomme adragante et deux ou trois blancs d'œufs, mais ils sont plus raffinés et gonflés, et plus le blanc est grand, plus ils acquièrent les deux qualités. Ce sont des nutriments bons et sains, et particulièrement utiles pour les personnes souffrant de phtisie, d'asthme, de fièvre, de toux chronique ou de toute autre affection pulmonaire. »

Le macaron appartenait donc aux familles des biscuits et des gâteaux. Leur utilité première ne consistait pas seulement à rassasier les gourmands, mais aussi à soigner les malades et à sustenter les voyageurs et les soldats.

Les macarons n'ont pas beaucoup évolué depuis le XVIIe siècle. Seules les proportions ou la technique de fabrication ont pu changer au cours des années. Ils obtiennent leur renommée au XIXe siècle : nombre de régions ont depuis leurs macarons, dont ceux de Nancy devenus une célébrité.

La madeleine

La madeleine avec ses griffes et sa bosse est tellement imprégnée dans l'imaginaire de nos contemporains qu'ils ne peuvent envisager qu'elle ait pu revêtir d'autres formes.

À l'instar des plus célèbres pâtisseries, la madeleine a sa légende.

La madeleine aurait été créée en 1755 par Madeleine Paumier, qui fut cuisinière de madame Perrotin de Barmond et du roi de Pologne Stanilas Leckzinski, beau-père de Louis XV, qui vécut en exil en Lorraine au château de Lunéville. Ce gâteau baptisé madeleine par le roi Stanislas aurait été cuit dans une coquille saint Jacques, d'où sa ressemblance à un petit ballon.

Selon Pierre Lacam, la madeleine est la même pâtisserie que le tôt-fait ou le quatre-quarts. Ainsi, Jean Avice, pâtissier du XVIIIe siècle, travaillant chez le prince de Talleyrand, aurait créé des tôt-faits dans des moules à aspic. Plus tard, lorsque Marie-Antoine Carême prit la place d'Avice, il les appela des madeleines. Pierre Lacam prétend que durant cinquante ans elles furent fabriquées de cette façon puis remplacées par une pâte à génoise confectionnée à chaud ou à froid. Il précise que les moules à griffes n'étaient pas encore connus et que c'est à Commercy qu'on les a créés.

Mettons les choses au point. Les moules à madeleines furent de toutes sortes de formes avant que ceux de Commercy ne deviennent la norme. La pâte à madeleine a connu des variations avec un résultat plus ou moins dense. La découverte de la poudre levante a permis de l'aérer et de modifier sa texture.

Pierre Lacam dit vrai lorsqu'il prétend que les madeleines étaient moulées dans des moules à aspic. Par contre, je serais plus réservé quand il affirme que Carême les a appelées madeleines. Le doute est motivé par mes lectures des livres du XVIIIe siècle. La recette de gâteaux à la madeleine apparaît en 1755 dans le volume *Les soupers de la cour*. Ces petits gâteaux sont bien moins aériens que la madeleine de Carême.

À la madeleine signifie à la façon de Madeleine. Au XVIIIe siècle, madeleine s'écrivait aussi madelaine et plus couramment magdeleine. L'appellation à la madeleine est associée aussi à une crème et à des plats cuisinés.

On peut supposer que Madeleine fut une cuisinière qui était à l'orgine de ces gâteaux et de ces plats cuisinés. Cependant, je me suis ravisé. Dans *Les soupers de la cour*, on a les perdreaux à la madeleine et les perdreaux à la servante. La première recette est réalisée avec du champagne alors que la deuxième se contente d'un bouillon. À la madeleine indiquerait plutôt l'appartenance et non la façon, tels les perdreaux de Madeleine. Il a bien existé une Mlle Madeleine qui a publié *La parfaite cuisinière bourgeoise*, mais la date de parution (1863-1864) paraît bien éloignée de 1755 pour que l'on puisse faire une quelconque association avec la madeleine. L'édition de la Bibliothèque de la ville de Lyon indique cette date de parution comme la troisième édition. Il est fort probable que la première édition ait été publiée au XVIIIe siècle. Il demeure hasardeux d'établir un lien entre Mlle Madeleine et la madeleine d'autant plus que la recette de Mlle Madeleine est bien différente des madeleines de l'époque, et de celles qui suivront. Le mystère de l'appellation à la madeleine demeure.

Quant au quatre-quarts, que Pierre Lacam associe à la madeleine, je n'étais pas convaincu du lien qui les unit. Pour la plupart des gens aujourd'hui, le quatre-quarts est un gâteau reconnu depuis bien longtemps, même si de nos jours il tend à disparaître. Par contre, pour un pâtissier du XVIIIe siècle, et même du XIXe siècle, le quatre-quarts restait marginal. C'était un produit dense qui n'appartenait pas aux habitudes françaises. Dans le chapitre du sablé, j'ai évoqué le livre *La pâtisserie et le dessert à la maison ; recettes faciles recueillies par une ménagère.* de 1866 dans lequel on trouve une recette quatre-quarts et à sa suite une recette de madeleine dont la base est le quatre-quarts. Les blancs sont montés en neige et le beurre tiède est ajouté à la préparation. Les recettes des gâteaux à la madeleine du XVIIIe siècle sont toutefois différentes de celle-ci, car elles contiennent un verre d'eau en plus. La madeleine fut un produit assez friable et plutôt sec et la technique de fabrication influença sa texture comme cela a pu l'être pour le sandkuchen (le quatre quarts d'origine, voir chapitre consacré au Sablé). L'ajout de blancs d'œuf en neige apportait un peu plus de tendreté.

La question est : est-ce que les gâteaux à la madeleine du XVIIIe siècle sont les mêmes que les madeleines du XIXe siècle ? A priori non, si l'on compare les recettes en particulier celle du XVIIIe siècle, celle de Carême qui est plus riche en sucre, en beurre et en œufs. Cette version n'est pas celle qui s'imposera. La madeleine restera un produit plus ou moins dense qui, selon la forme, pouvait être plus ou moins sec, même si, selon les recettes, la quantité d'œufs varie pour lui donner de la souplesse. La madeleine est parfois associée à la génoise davantage par la ressemblance de la technique que par celle de sa texture. Le rapport entre la quantité d'œufs et de farine détermine la texture de la madeleine : elle peut devenir plus sèche que moelleuse, ce qui a été souvent le cas.

Il y aurait donc eu différentes madeleines, celles du XVIIIe siècle et celles du XIXe siècle. La pâtisserie qu'Avice confectionnait et que Carême a reprise n'était sans doute pas les gâteaux à la madeleine. Alors, peut-on donner crédit à ce que Pierre Lacam prétend en affirmant que Carême l'aurait baptisé madeleine ?

Je vais proposer une audacieuse hypothèse, mais qui ne devrait pas être très éloignée de la réalité.

Selon diverses sources, au début du XIXe siècle, près du jardin des Tuileries à Paris, une dénommée Madeleine vend de petits gâteaux de Nanterre. Cette marchande va acquérir une notoriété de telle sorte que son prénom va être associé à des pièces musicales, à du théâtre et sans doute à des gâteaux. Ainsi, il est fort possible que les madeleines de Carême portent le nom de cette charmante dame.

Mais qu'en est-il alors de l'origine de la madeleine de Commercy ? Que sait-on exactement de cette madeleine ?

Charles Emmanuel Dumont dans *Histoire de la ville et des seigneurs de Commercy* de 1843 prétend que les gâteaux à la madeleine existent bien avant la venue du bon roi Stanislas. Cela paraît tout à fait cohérent d'autant plus si cette pâtisserie est associée au quatre-quarts allemand sandkuchen (voir le sablé).

> « La pâtisserie se distingue par la fabrication des MADELAINES, qui est un petit gâteau ayant la forme de la coquille appelée peigne; il pèse environ de quatre-vingt-dix à cent grammes, sa longueur est de douze centimètres, sa largeur de huit, et son épaisseur de quatre, en venant à rien près des bords.
>
> Quant à l'origine de sa dénomination, tout ce que l'on peut en dire n'est que conjecture peu satisfaisante: la plus supportable serait peut-être de l'attribuer à une flatterie envers Mme du Fargis qui s'appelait Madelaine. Pour moi, je penche à croire que la coquille que ce gâteau représente s'appelait vulgairement Madelaine comme d'autres coquillages, presque semblables, s'appellent de St-Jacques. Ce qui viendrait à l'appui de cette conjecture, c'est la circonstance que la famille la Madelaine avait son écu semé de ces coquillages, qu'elle avait sans doute pris comme armes parlantes. »

Mme du Fargis est la tante du cardinal de Retz que Pierre Lacam associera aussi à la madeleine en prétendant que sa servante aurait créé cette douceur. Ah les servantes aux idées ingénieuses ! Combien a-t-on entendu de telles histoires !

Comment Carême aurait-il créé une déclinaison de gâteaux du nom de madeleine si distinct de la madeleine de Commercy tant par la recette que par la forme ? Plus curieux encore, les madeleines de Paris ne furent pas les madeleines de Carême, mais une autre recette apparente à celle de Commercy avec une forme qui n'était pas toujours celle des griffes. Pour quelle raison des produits à la fois semblables et si différents portaient-ils le même nom ? La seule explication qui demeure est que tous ces petits gâteaux, moulés dans des moules aussi différents, mais évoquant plus ou moins des coquillages, ont été appelés madeleine.

Charles Emmanuel Dumont apporte des précisions importantes sur la texture de la madeleine.

« Jusque vers 1847, il fit peu de progrès, son prix qui était de trente centimes le rendait peu populaire, et le mérite de sa pâte, plus compacte qu'elle ne l'est aujourd'hui, ne paraissait pas, pour beaucoup de consommateurs, compenser sa cherté. Alors un pâtissier, en rivalité avec ses confrères, s'avisa, pour leur jouer pièce, de baisser le prix et de donner la recette à tous venants. Ce fut grande rumeur dans le camp des adversaires qui ne purent se tirer d'embarras qu'en baissant eux-mêmes le prix de moitié et en améliorant la qualité. Si le public a gagné à cette petite guerre, les combattants y ont fait un profit encore plus grand; aujourd'hui, ils en confectionnent plus de douzaines qu'ils n'en faisaient jadis d'unités, ce qui leur permet encore un bénéfice d'une importance très satisfaisante. »

Cela montre bien que la texture de la madeleine n'était sans doute pas très agréable, ni tout à fait un sablé, ni tout à fait un gâteau moelleux. C'est l'évolution du fameux quatre-quarts, à Paris ou en Allemagne, qui permit la création de la madeleine de Commercy. Néanmoins, elle est restée sèche si l'on se fie aux dires du grand cuisinier et pâtissier de la fin du XIXe siècle, Garlin.

Un mystère demeure. Pour quelle raison a-t-on appelé à Paris le moule à madeleine des griffes et non peigne comme l'indique Dumont ?

Commercy n'est pas la seule ville à avoir eu des madeleines comme pécialité. Le XIXe siècle a aussi connu les madeleines de Saint-Yrieix.

Comment parler de la madeleine sans parler de sa bosse qui est aujourd'hui l'une de ses caractéristiques, dont les pâtissiers et les amateurs rivalisent d'ingéniosité pour la faire toujours plus grosse ? La bosse est en fait un défaut devenu une qualité. Beaucoup ont cherché à contester cette affirmation quand je l'ai énoncée. C'est méconnaître la technologie alimentaire pour vouloir ignorer ce défaut.

Si la madeleine a une bosse, comment Marcel Proust aurait-il pu l'ignorer ? Il décrit un gâteau dodu et court qui semble moulé dans la valve rainurée d'une coquille Saint-Jacques. Il raconte qu'il a laissé un morceau de madeleine s'amollir dans une cuiller de thé. Cela est important, car cela confirme que la madeleine a pu être parfois sèche.

Un certain Aubert écrit dans *Le Journal des confiseurs-pâtissiers* de mars 1897 :

> « Si la chaleur (du four) est trop vive, les madeleines se coloreraient trop rapidement par-dessus et le milieu boursouflerait. »

Il précise qu'il ne souhaite pas que le milieu enfle et forme une bosse.

La pâte à madeleine d'origine est une pâte peu hydratée. Si le mélange est trop important, sa viscosité sera plus importante et il va monter en pics bien plus souvent qu'en bosses. Dans un moule à madeleine, la cuisson va de la surface au centre. Si la quantité de sucre est inférieure ou égale à celle de la farine et si la quantité de liquide n'est pas suffisante, une pâte trop travaillée donnera effectivement un gâteau lourd avec une bosse ou un pic et une texture peu agréable d'autant plus qu'il n'y pas de poudre levante. Si la quantité de sucre est supérieure à celle de la farine et si la quantité de liquide est adéquate, un arrondi se formera. Par contre, si l'on met la pâte au froid avant la cuisson, le pourtour va cuire plus rapidement et le centre beaucoup plus lentement, ce qui lui permettra de prendre du volume. Si la pâte a une viscosité suffisante, une bosse va se produire. La poudre levante joue un rôle clef dans l'aération de l'appareil. À l'époque, il n'y en avait pas.

Je vous invite à essayer les deux recettes de madeleines du début du XIXe siècle.

Ingrédients
250 g de farine pauvre en protéines de préférence, 250 g de sucre, 5 gros œufs (50 g sans coquille) ou 6 petits œufs, 250 g de beurre clarifié et fleur d'oranger. Si vous changez la quantité de sucre de 250 à 280 g, la madeleine sera plus moelleuse et légèrement dodue.

Technique 1
Monter les œufs entiers et le sucre sur un bain-marie comme pour une génoise, disperser la farine tamisée sans trop mélanger, ajouter le beurre fondu tiède et bien l'incorporer au mélange avec délicatesse.

Cuisson à 170 °C à four ventilé.

Technique 2 avec des blancs d'œufs montés.

Monter les jaunes d'œufs et le sucre pour obtenir un ruban (le mélange doit bien blanchir) et ajouter la moitié de la farine tamisée.

Monter les blancs, incorporer 2/3, ajouter l'autre moitié de la farine et le 1/3 restant des blancs (habituellement, la farine est mélangée à la préparation des jaunes et du sucre, mais vous risquez d'avoir un mélange compact qui rendra l'incorporation des blancs montés difficile) et ajouter le beurre clarifié de la même manière que précédemment.

Cuisson à 160 °C à four ventilé.

Le financier

Le financier est le gâteau le plus mystérieux de la pâtisserie française, non pas du fait de son nom, mais de sa composition qui ne ressemble pas ou peu aux autres gâteaux des XVIIIᵉ ou XIXᵉ siècles. Quant à son histoire, elle est cousue de fil blanc. La légende veut que le pâtissier Paul Lasne, installé pas loin de la Bourse de Paris, aurait remis au goût du jour les visitandines, un dessert aux amandes qu'il aurait baptisé financier vu que des financiers souhaitaient manger rapidement une petite douceur sans avoir à s'attabler. Et poussant l'audace plus loin encore, Lasne lui donna la forme d'un lingot. Tout y est pour créer un feuilleton de série B.

Paul Lasne (ou Lasnes) est un contemporain de Carême et fut un spécialiste de la cuisine froide, une révolution à cette époque où le manger froid n'avait pas bonne réputation. Carême ne tarit pas d'éloges à son sujet. Ce n'est donc pas Lasne qui ouvrit une boutique sur la rue Saint-Denis, mais son fils comme le révèlent Pierre Lacam et Antoine Charabot dans leur livre *Le glacier classique et artistique en France et en Italie* paru en 1893. Aucun des deux ne fait référence à la Bourse et au moule en forme de lingot. Par contre, ils précisent que les produits comme le financier sont issus de la crème d'amandes créée pour le pithiviers par le pâtissier Provenchère en 1506.

Pour la première fois, j'ai pu retrouver la référence de Lacam et Charabot à propos du pâtissier Provenchère. Ces messieurs, amoureux inconditionnels de la pâtisserie, emportés par leur désir, travestirent la réalité pour apporter de la couleur à l'histoire. Voici ce que l'on peut lire dans la *Gazette nationale ou le Moniteur universel* de 1789 : « le sieur Provencher, l'aîné, Pâtissier à Pithiviers, ainsi que ses Pâtés d'alouettes et Gâteaux d'amandes. »
Ce pâtissier nommé Provencher et non Provenchère est un homme du

XVIIIe siècle et non du XVIe. Et sa spécialité n'est pas le pithiviers, mais le gâteau d'amandes, populaire en ce temps-là. À son époque, le pithiviers n'avait pas encore vu le jour. Les sortes de préparations aux amandes étaient nombreuses et faites avec des œufs entiers ou sans œufs. Quant au gâteau aux amandes, il ressemblait à tous les biscuits de l'époque, réalisés avec des jaunes et des blancs d'œufs, et sans beurre.

Permettez-moi, avant de poursuivre avec le financier, de faire une brève présentation du pithiviers, lequel apparaît au début du XIXe siècle. Si aujourd'hui le gâteau de pithiviers à la crème d'amandes est connu, Carême offrit plusieurs déclinaisons de pithiviers et même une version salée. D'ailleurs, on peut se demander si cette pâtisserie ne fut pas salée avant d'être sucrée.

Comme je l'ai souvent répété, une pâtisserie a toujours un déterminant pour le qualifier : donc financier a dû s'appeler gâteau financier. Cependant, financier n'est pas une appellation courante au XVIIIe siècle, contrairement au terme à la financière d'où le gâteau à la financière. Cela expliquerait pourquoi Pierre Lacam proposa souvent deux versions, par ailleurs très semblables, financier et financière. Gâteau à la financière apparaît au cours du XIXe siècle dans un ou deux ouvrages. Ainsi on fait des financières et non des financiers.

La financière à la particularité de contenir une quantité de fécule en plus des amandes. La recette fait penser davantage au macaron qu'à la crème d'amandes. Il a existé un macaron fort populaire, le macaron à la portugaise, dont la ressemblance avec la financière est surprenante à la différence qu'il ne contient pas de beurre. Ce macaron a servi aussi à la création d'un gâteau à la portugaise. Alors, pourquoi ne pas voir le macaron à la portugaise, enrichi au beurre, devenir la financière ?

Plus tard, la visitandine, un gâteau semblable à la financière, fait son apparition et on peut facilement la considérer comme une déclinaison du macaron de Nancy.

Malheureusement, nous n'en serons pas davantage sur le financier. Peut-être, à l'avenir, la découverte de nouveaux ouvrages non explorés permettra d'établir le lien entre le financier et le macaron.

L'opéra, la ganache et le joconde

L'histoire de l'opéra est une véritable saga avec ses parts de vérité, d'ombre et de légende.

Le gâteau opéra a fait couler beaucoup d'encre. Il a même provoqué des querelles entre de grandes maisons parisiennes, Dalloyau et Lenôtre, au sujet du droit d'auteur. Aujourd'hui, le débat est tranché, du moins c'est que l'on croit. N'en déplaise aux uns et aux autres, je vais rouvrir le dossier une fois de plus.

L'opéra est un gâteau étagé composé d'un biscuit joconde, d'une ganache au chocolat et d'une crème au café. L'appellation opéra était très populaire de la fin du XIXe siècle jusqu'aux années 1950 et pas seulement en France. En Amérique, l'opera cream fut un genre de bonbon ressemblant au caramel mou et qui pouvait être chocolaté. Au Québec, ce fut un chocolat. En France, de nombreux plats furent associés au nom opéra comme les œufs opéra. *Le répertoire de la cuisine* de Gringoire et Saulnier (paru en 1914 et réédité plusieurs fois depuis) en présente toute une panoplie. En Suède, le gâteau princesse est aussi appelé operatårta.

Quelle est l'origine de cette appellation opéra et quelle en est la raison ? C'est sans doute la première énigme de cette saga. En France, on pourrait lier le nom de ce gâteau au quartier de l'Opéra. De grandes pâtisseries, des cafés et certains restaurants ont fait les beaux jours de cet arrondissement à la fin du XIXe siècle et au début du XXe. Ainsi l'Opéra aurait été associé à la gourmandise. Cela reste une hypothèse un peu farfelue, j'en conviens.

Combien de pâtisseries françaises ont porté le nom d'opéra ?

Le premier gâteau à porter le nom d'opéra provient de la pâtisserie du Grand-Hôtel, au 1 rue Auber. Sa réputation fit courir le Tout-Paris. C'était en 1899. Aucune recette n'a pu être trouvée pour en connaître la composition.

Le second opéra est proposé, en 1958, par Ernest Pasquet dans *La pâtisserie familiale*. Il est fait avec un biscuit friable, proche d'un sablé, et d'une crème pralinée. C'est un gâteau étagé comme pourrait l'être l'opéra d'aujourd'hui. Cet opéra praliné va être présent dans un certain nombre d'ouvrages jusqu'à la fin des années 1970.

Le troisième est l'opéra au chocolat et au café, créé probablement en 1955, devenu célèbre dans les années 1970 et qui l'est encore aujourd'hui. La pâtisserie d'Alloyau en a toujours revendiqué la paternité. L'acquéreur, Cyriaque Gavillon, de cette institution dans les années 1950, en aurait été le créateur.

Mais il y a un intrus : le gâteau Clichy, de la pâtisserie Clichy, propriété de la famille Bugat, présent depuis les années 1950 dont la composition est identique à l'opéra que nous connaissons de nos jours.

Qu'en était-il réellement de ces gâteaux dans les années 1950 ? C'est auprès de monsieur Michel Guérard, MOF (meilleur ouvrier de France, pâtisserie) que j'ai eu la réponse. Voici ce qu'il m'a dit :

« Pour moi, le gâteau opéra faisait suite à cet autre gâteau, de la même recette, appelé le Clichy, dont le créateur est Louis Clichy, pâtissier sur le boulevard Beaumarchais à Paris. L'opéra a connu une vraie reconnaissance quand Gaston Lenôtre l'a mis sur le marché. À cette époque, de nombreux gâteaux au chocolat avaient trouvé leur place, comme le prélat dont la recette se rapprochait du gâteau opéra et qui était proposé dans un restaurant de la place Beauvau. »

Le prélat est une création du grand cuisinier Alexandre Dumaine au restaurant La Côte d'Or à Saulieu. Le prélat diffère de l'opéra par l'ajout de café au chocolat. Alexandre Dumaine a travaillé au Café de la paix à la Place de l'Opéra. N'y voyons qu'une coïncidence fortuite.

Pour y voir plus clair, il importe d'analyser ces gâteaux afin de mieux dater leur création et d'établir une chronologie.

Quelle est l'origine des produits qui composent l'opéra ?

Le biscuit joconde

C'est un biscuit à la française aux amandes. Le pâtissier Pierre Lacam est le premier à en parler dans ses ouvrages à la fin du XIXᵉ siècle. Il ne précise pas le dessert auquel ce biscuit est associé, mais indique qu'il peut remplacer la génoise. Dans la réédition de ses œuvres par son gendre Paul Seurre en 1934, on apprend que joconde est le nom d'un gâteau étagé au praliné qualifié de spécialité. Pourquoi alors Pierre Lacam ne l'avait-il jamais précisé et n'avait-il parlé que du biscuit ? Mystère !

Quant au nom, joconde fait évidemment penser à la Mona Lisa du musée du Louvre. Au XIXᵉ siècle, les noms de gâteaux sont davantage associés à des opéras ou à des pièces de théâtre qu'à des tableaux ou des personnages historiques. Toutefois, Joconde est aussi un opéra-comique du XVIIIᵉ siècle écrit par Jean de la Fontaine et mis en musique par Louis Emmanuel Jadin. Cet opéra a été très souvent joué au XIXᵉ siècle, et aussi au début du XXᵉ siècle. On peut donc se demander si le nom de l'Opéra est en relation avec le biscuit joconde ou une simple coïncidence.

La ganache

Combien de fois n'a-t-on pas lu et entendu dire que la ganache tire son origine de l'histoire d'un commis de cuisine qui aurait fait tomber la crème dans le chocolat et que le patron l'aurait traité de ganache ? Ganache signifie un idiot. Pourtant, il aurait fallu consulter les journaux du XIXe pour trouver la réponse. D'ailleurs, si nous avions ouvert le dictionnaire anglais, le Merriam Webster, nous aurions eu connu l'origine de la ganache. Étonnamment, nous ne trouvons rien dans les dictionnaires français à ce sujet, du moins à l'époque où j'avais entrepris ces recherches. Il est difficile de comprendre que les pâtissiers aient entretenu une telle légende avec conviction.

Le bonbon « Ganache » et le bonbon « Intime » furent créés dans les années 1860 par la confiserie Maison Siraudin en l'honneur de deux pièces de théâtre de Victorien Sardou, Les Ganaches et Les Intimes.

La ganache est une crème au chocolat assez dense, pour lui donner la forme d'un bonbon. À l'origine, elle était constituée de crème, de lait et de chocolat, et de nos jours principalement de crème et de chocolat.

À la fin du XIXe siècle, la ganache devint aussi une crème de pâtisserie sans que l'on sache pourquoi. La maison Siraudin se trouvait dans le quartier de l'opéra ; sans vouloir extrapoler, il est fort possible que la ganache chocolatière se transformât en une crème ganache pâtissière dans l'une des grandes maisons du quartier de l'Opéra, comme la pâtisserie du Grand Hôtel situait à moins de trois minutes de la maison Siraudin.

Peut-on imaginer que l'opéra de la pâtisserie du Grand-Hôtel puisse avoir été l'opéra que nous connaissons aujourd'hui ? Les composantes de l'opéra actuel sont les mêmes que celles de l'époque. Et certains, comme la maison Dalloyau, prétendent que les gâteaux étagés n'existaient pas avant les années 1950, alors que c'est faux. C'est bien à la fin du XIXe siècle que ce type de pâtisserie voit le jour. Le premier à l'évoquer est Urbain Dubois avec son mille-feuille aux avelines, un étagé de biscuit de type dacquoise garni de crème pralinée. Par contre à cette époque, l'opéra aurait été au café ou au chocolat. On n'aurait, sans doute, pas combiné différentes saveurs. Néanmoins, toutes les conditions étaient réunies pour que l'opéra d'aujourd'hui puisse voir le jour entre 1906 et 1950.

Mais qui est donc le créateur de l'opéra au chocolat et café qui parade encore dans nos pâtisseries ?

Au cours de la deuxième moitié du XXe siècle, la guerre à propos de la paternité de l'opéra a fait rage entre les maisons Dalloyau et Lenôtre. En 1968, Lenôtre, qui est alors l'étoile de la pâtisserie française, fait connaître l'opéra, qui est en fait une copie du Clichy qui, dès 1950, est reconnu et apprécié. Personne ne semble s'émouvoir. Dans le Guide Gault et Millau de 1983, Christian Millau, Marianne Binet et Henri Gault tendent à les distinguer. Pour la pâtisserie Clichy, il est écrit : gâteau Clichy, ganache au chocolat et crème au café sur génoise aux amandes. Pour la pâtisserie Lenôtre, on lit : gâteau opéra, mousse au café et truffe sur génoise aux amandes. Pourtant Lenôtre utilise aussi une crème au beurre au café et une ganache. Rien en ce qui concerne Dalloyau.

En 1990, coup d'éclat. La maison Dalloyau réclame la paternité de l'opéra, pâtisserie qu'elle confectionne depuis 1955. À cette époque, la presse a encore un pouvoir puissant. Elle peut faire la pluie et le beau temps surtout si le journal est réputé comme le journal Le Monde. Il publie alors une brève qui consacre Dalloyau comme créateur de l'opéra en sortant une histoire du fond des tiroirs. Je ne voudrais surtout pas faire de procès d'intention, mais je ne m'étonnerais pas si j'apprenais que c'était une action commandée. Pour quelle raison tant d'année après, on ressort de nouvelles preuves, dont la véracité, de celles-ci, reste à démontrer !

Voici un extrait de l'article du Monde :

« Le gâteau opéra. On ne prête qu'aux riches, disait ma grand-mère ! À force d'assaillir les médias, M. Lenôtre (pas le cuisinier, l'autre !) se voit attribuer toute la pâtisserie depuis Ragueneau. C'est ainsi qu'il aime que l'on écrive qu'il est le créateur du gâteau opéra. Mais rétablissons la vérité : cette pâtisserie fut créée en 1955 par M. Gavillon (Pâtisserie Dalloyau-Gavillon, rue du Faubourg-Saint-Honoré) qui en vendit aussi au 44, rue d'Auteuil, chez Montgelard. C'est en rachetant cette affaire en 1957 que Lenôtre trouva la recette de Gavillon et en fit à son tour une spécialité. »

Le début de l'article laisse présager qu'il s'agit d'un règlement de compte même si Lenôtre a pu s'approprier et s'attitrer des recettes qui n'étaient pas de son cru. La maison Montgelard, reconnue depuis le début du XXe siècle, fut rachetée par Dalloyau en avril 1956. Lenôtre va la racheter en 1966 et non en 1957. Plus étonnant encore de prétendre que Lenôtre trouva la recette comme si elle s'était détachée d'un cahier pour se retrouver derrière un meuble ou sous une table, ce qui me paraît des plus fantaisistes. D'une manière ou d'une autre, la maison Dalloyau semble ne pas avoir pris des précautions pour préserver le secret de la recette et porte donc la responsabilité. Pourquoi attendre 1990 pour crier au scandale ? En 1990, plus forte que par le passé, a-t-elle voulu rétablir son honneur ou prendre sa revanche ? Mais qu'en est-il de la pâtisserie de Clichy et de la famille Bugat ? Les a-t-on oubliés ? Pourquoi tant d'esclandre, puisqu'il était de notoriété publique que Lenôtre n'a pas créé l'opéra puisque son opéra n'est que la copie du gâteau Clichy ?

Cela m'amène à conclure que quelque chose s'est produit derrière les portes closes. Pour connaître ces indiscrétions, quoi de mieux que de faire référence aux ouvrages de la plus grande gastronome des historiennes, Maguelonne Toussaint-Samat. Et vous savez ce qu'elle raconte ? Cyriaque Gavillon, propriétaire de Dalloyau, était le beau-frère de Marcel Bugat, propriétaire de la pâtisserie Clichy. Or, Gavillon aurait pris la recette du gâteau Clichy de Bugat et l'aurait rebaptisé gâteau opéra pour le vendre à sa boutique. Voici le récit.

En 1936, la famille Coquelin, propriétaire de la pâtisserie Coquelin-Aîné, racheta la maison Dalloyau ou en détenait une part. À preuve, la revue française de 1936 parle de la pâtisserie Coquelin-Dalloyau. Rappelons qu'avant 1940, le nom d'une grande maison est souvent associé à celle de son propriétaire. Dans les années 1950, ce sont deux beaux-frères de Marcel Bugat qui possédaient chacun l'une des deux pâtisseries Coquelin-Aîné et M. Gavillon avait Dalloyau. À cette même époque, la pâtisserie Clichy n'appartenait sans doute plus à

Louis Clichy, mais à la famille Jourlet puisque l'on parle de la pâtisserie Clichy-Jourlet. Les Jourlet étaient propriétaires de nombreuses pâtisseries, dont une dans le quartier de l'Opéra. Comme l'explique Maguelonne, le gâteau Clichy, futur opéra, s'est trouvé probablement dans les mains de la famille Coquelin et autres propriétaires de pâtisseries. Cela peut arriver quand les maisons de pâtisseries et leurs boutiques changent de propriétaires : les recettes des gâteaux peuvent passer d'une maison, à l'autre. Ainsi, le Clichy fut introduit dans la maison Dalloyau et fut rebaptisé sous un autre nom, sans doute l'opéra. Et Gavillon, en achetant la maison Dalloyau, eut en sa possession un gâteau, qui est la copie du Clichy.

L'hypothèse la plus semblable sur la paternité de l'opéra conduit à une affaire de spoliation qui eut cours dans les années 1930 ou peut-être même après la guerre. Pour préciser les dates, il faudrait vérifier le cadastre de Paris pour connaître les propriétaires de ses maisons de 1930 à 1960. Maguelonne reprend ce que le journaliste du Monde avance sur l'appropriation de l'opéra par Lenôtre : ce dernier n'a sans doute eu aucun scrupule à emprunter à Dalloyau l'opéra sachant la vérité des faits.

Dans cette bataille, pourquoi la famille Bugat n'est-elle jamais inter-venue ? Pour quelle raison la maison Dalloyau a-t-elle tant insisté pour récupérer la paternité d'un gâteau qu'ils n'auraient pas créé ? D'où vient ce fameux gâteau Clichy ? Est-ce vraiment Louis Clichy le créateur ?

Qui est Louis Clichy ?

Louis Clichy a une pâtisserie au 5 boulevard Beaumarchais à Paris et a reçu un grand prix en 1911 pour une pièce en sucre. Il aurait ouvert sa pâtisserie après l'exposition de 1906. En 1936, comme l'indique le cadastre, la pâtisserie appartient à monsieur Jourlet et s'appelle Cli-chy-Jourlet. Louis Clichy serait mort subitement en 1928 si l'on se fie à un encart consacré à sa disparition dans un journal de l'époque. Louis Clichy étant un nom peu commun, on peut affirmer que ce n'est pas son homonyme. Donc ce serait probablement son successeur qui aurait vendu sa pâtisserie à Marcel Bugat.

Qu'en est-il du gâteau Clichy ?

Aucun pâtissier à cette époque n'aurait eu l'outrecuidance de nommer un gâteau à son nom. De ce fait, il existe deux hypothèses : le gâteau Clichy aurait été créé en l'honneur de Louis Clichy ; ou un gâteau, déjà connu ou créé par Clichy, fut rebaptisé le Clichy pour saluer ce grand pâtissier.

Dans ce cas, pourquoi la famille Gavillon a-t-elle prétendu que Cyriaque fut l'inventeur de l'opéra ? Pourquoi ne sont-ils pas manifestés avant les années 1990 ? Et pourquoi les Bugat ont-ils continué à produire le Clichy sans mot dire ? Malheureusement, Maguelonne Toussaint-Samat est décédée tout comme Andrée Gavillon, l'épouse de Cyriaque pour avoir leur version. Il reste Paul Bugat, le fils de Marcel, qui vit aux États-Unis et il a été difficile de le retrouver.

L'histoire de l'opéra est truffée d'incohérences et j'éviterais de donner une réponse définitive quant au créateur de cette pâtisserie. Si j'entends les revendications de la maison Dalloyau, je n'ai jamais entendu ce qu'en pensaient les Bugat. Et si c'était l'inverse qui s'était produit ? Les Bugat auraient-ils emprunté la recette à Dalloyau ? Peu probable, si l'on se fie aux acteurs des années 1950 où le gâteau Clichy semble avoir été un incontournable.

Pour résumer, voici quelques certitudes

Les gâteaux étagés ont vu le jour à la fin du XIXe siècle et se sont raffinés jusqu'aux années 1950 pour devenir l'opéra.

En 1899, le premier gâteau à porter le nom d'opéra provient de la pâtisserie du Grand-Hôtel. Toutefois, on ignore toujours ses composantes.

Dans les années d'après la Seconde Guerre mondiale, il a existé deux différents opéras : l'opéra d'aujourd'hui et celui praliné. Les acteurs de cette époque n'ont aucun souvenir de l'opéra praliné, et sa seule trace se trouve dans les livres de recettes.

Il n'existe pas à ce jour de recette d'opéra entre 1906 et 1940 du moins dans les livres consultés. Il s'avère qu'en 1906, à un salon culinaire, un pâtissier, dont on ignore le nom, présente différents produits, dont l'opéra, mais ce n'est pas la pièce originale comme il est mentionné dans le document associé au salon. L'opéra serait donc un gâteau déjà connu, probablement celui du Grand-Hôtel, dont le chef pâtissier demeure inconnu.

La ganache et le biscuit joconde sont présents depuis la fin du XIXe siècle sans connaître le gâteau auquel ils ont été associés. Toutefois, le joconde aurait probablement été une spécialité, donc un entremets, avant d'être un biscuit.

Le gâteau Clichy a bel et bien existé. Reste à savoir s'il ressemblait exactement à l'opéra. Rappelons que le prélat était aussi un entremets très semblable.

Une question demeure : pour quelle raison la famille Gavillon qui fut propriétaire de la maison Dalloyau a-t-elle tant insisté sur la paternité de l'opéra alors que les faits tendent à les démentir ?

Voici mon hypothèse.

Le gâteau Clichy et l'opéra ne seraient pas tout à fait le même gâteau. Le gâteau Clichy date sans aucun doute des années 1930. Il était probablement un gâteau individuel comme les tranches au chocolat et pistaches. Si, comme je le pense, il est en droite ligne avec ce type de gâteau, ce n'est pas un biscuit à la française que nous avions, mais un type de sablé. Dans ce cas, est-ce que Gavillon aurait simplement changé le type de biscuit, ce qui permit de le faire en grand format, ce qui aurait inspiré les créateurs du prélat et du Clichy à utiliser des biscuits aux amandes en lieu est place du biscuit sablé ? Cela expliquerait le silence des Bugat.

Serons-nous un jour la vérité ? La question reste ouverte.

La crème anglaise (glace, crème au beurre, crème renversée…)

Voilà une crème anglaise bien française comme l'a souligné Marie-Antoine Carême au XIXᵉ siècle :

> « [...] des crèmes françaises, vulgairement nommées crèmes à l'anglaise.
> Je ne puis concevoir quelle est notre manie. Nous créons les choses et
> nous avons la bonhomie de leur donner des noms étrangers; pourquoi
> cette faiblesse? Est-ce par ton? Tant pis : c'est n'en avoir pas. Est-ce
> dans la croyance qu'elles seront mieux accueillies par nos compatriotes ?
> Mais point du tout. »

Je ne peux que donner partiellement raison à Carême. La crème
anglaise vient bien d'outre-Manche. Son utilisation, à moult usages,
est bien une pratique française. L'appellation crème anglaise entra
dans les mœurs dès le XVIIIᵉ siècle, et ce, jusqu'au XIXᵉ siècle où un
certain nombre de pâtissiers, sous l'impulsion de Carême, retiendront
son appellation , soit crème à la française ou crème française.

En anglais, cette crème se nomme custard, traduit en français par
crème à l'anglaise.

L'étymologie de custard, qui s'écrivait crustard ou crustarde, indique
une signification de mets cuits dans une croûte. L'origine viendrait
donc de l'anglo-français "croustade". Le changement d'orthographe
aurait eu lieu au XVᵉ pour devenir custard. Dès le XVIIᵉ, custard
désigne des produits contenant du lait, des œufs et du sucre. Si custard
est la crème anglaise, celle-ci se décline sous différentes formes et
parfois sous d'autres noms.

La crème anglaise daterait donc du XVIIᵉ siècle, du moins son usage se répand à ce moment-là. Cela ne signifie pas que précédemment il n'a pas existé des préparations similaires. En 1655, François Pierre de la Varenne proposa nulles, une crème brûlée dont la base était semblable à une crème anglaise. Pourquoi nulles ? Cela demeure un mystère. Ce mot serait d'ailleurs mal orthographié selon les dictionnaires de l'époque. On écrivait nule qui signifiait une crème aux œufs.

Voici la recette de crème anglaise de Charlotte Mason datant de 1780. La recette n'a presque pas changé depuis.

[Traduction]
Boiled custards : Metter une pinte de crème sur un feu vif avec du macis, deux feuilles de laurier, les jaunes de six œufs et un blanc; remuer à feu doux, jusqu'à ce qu'elle soit presque bouillante, faire attention qu'elle ne caille pas; la passer (NDA à travers un tamis) dans des tasses.

À l'époque, ces préparations étaient peu ou pas sucrées d'où l'ajout de parfums divers pour les agrémenter.

Une recette antérieure à celle-ci, For custard, parue dans le livre *The Pastry-Cook's vade-mecum* de 1705, propose une variation qui s'apparente à une crème pâtissière faiblement liée.

[Traduction]
« Prenner quatre quarts de lait neuf, 16 œufs, tous les jaunes et plus de la moitié des blancs, prendre une noix de muscade râpée, un peu de macis battu très fin et un quart de livre de sucre, ou un peu plus d'une cuillérée de fleur de blé très fine, et y mélanger un morceau de beurre doux fondu, de la quantité d'un œuf, et ainsi de suite. Remuer le tout très bien. »

Cela montre combien custard peut être flexible dans sa définition. On voit déjà se dessiner toutes les crèmes qui peuvent se réaliser avec du lait, du sucre et des œufs. Cette polyvalence va se répercuter sur les recettes à base de crème anglaise en France.

Par exemple, la crème à l'anglaise du chef cuisinier Massialot dans *Le confiturier royal* de 1776 est une crème brûlée à la pistache parfumée aux agrumes. Dans ce même ouvrage, on découvre des variantes, dont une crème pour les tourtes qui ressemble à certains égards à la crème pâtissière.

Pourtant, il a existé une crème française dans l'ouvrage de Joseph Menon, *La science du maître d'hôtel* paru en 1749. Elle ressemble à une crème anglaise avec un mélange de crème et de lait, et contient de la poudre de macaron, comme cela se faisait beaucoup à l'époque, en plus d'agrumes confits et de fleur d'oranger. La préparation est cuite au bain-marie. Comme dans les livres anglais, on découvre une déclinaison de ces crèmes qui ne sont pas toutes sucrées.

À cette époque naissent les glaces, les mousses et les bavarois, appelés encore les fromages glacés.

Le fromage glacé, voilà un drôle de nom. Comment expliquer cette appellation? L'utilisation de la présure (rarement) et principalement d'un moule à fromage est la raison. Au XVIIIᵉ siècle, la présure, pour cailler le lait, est surtout utilisée en Angleterre et permet d'obtenir une consistance pour la fabrication de produits sucrés ou salés. Avec cette technique, on a créé les gâteaux au fromage (cheesecakes) qui ne contiennent pas de fromage, mais une crème anglaise caillée. L'appellation fromage en Angleterre s'explique par la présence de la présure et par l'utilisation du moule à fromage en France. Dans certains dictionnaires du XVIIIᵉ siècle, le cheesecake est associé à la talmouse française qui est préparée avec du fromage blanc. L'usage de la présure dans le fromage glacé va vite disparaître en France; elle sera remplacée d'abord par un refroidissement rapide sur glace puis par de la gélatine permettant de ne plus glacer les produits, ce qui donnera naissance aux bavarois.

On voit aussi apparaître les glaces qui peuvent être des crèmes glacées ou des produits ressemblant à des sorbets. La glace était à l'origine un sorbet qui se distinguait du fromage glacé. Puis, elle est devenue le produit de la fusion du sorbet et du fromage glacé, alors que le fromage glacé avec l'ajout de la gélatine va devenir davantage une mousse.

Au cours du XVIIIᵉ siècle, un grand nombre de préparations avaient pour base le lait, la crème, les œufs (mais pas toujours) et le sucre, et vont permettre de créer autant des mousses que de glaces et d'autres préparations crémeuses ou glacées.

Les pâtissiers innovèrent avec la création de différents produits comme le biscuit de glace (mélange de biscuit à la française et fromage glacé), les cannelons glacés à la crème (crème de lait parfumée prise en glace et mise dans des moules à cannelons, cylindriques en forme de trèfle), des glaces au caramel, etc. Les premières mousses voient le jour avec la mousse au chocolat, un mélange de crème, de jaunes d'œufs et de sucre.

Tous ces produits nécessitent de la glace vive maintenue solide le plus longtemps possible. C'est ainsi qu'une science du froid naît au cours du XVIIe siècle. On découvre l'importance des sels pour la conservation de la glace et l'influence des matériaux pour maintenir les préparations froides. Un résumé est donné dans un véritable traité illustré sur la glace et des mousses, *L'Art de bien faire les glaces d'office; ou Les vrais principes pour congeler tous les rafraichissemens* de sieur Emy publié en 1768.

Dans ce livre, le terme glace s'impose que cela soit pour la crème ou les fruits, et le fromage glacé représente seulement les produits moulés dans des moules à fromage.

Lorsqu'on évoque la glace et son histoire, un nom revient souvent, celui de Francesco Procopio Coltelli qui francisa son nom pour François Procope Couteaux. Mais Procope a-t-il réellement introduit la glace en France ? Voici ce qui a été écrit dans le *Mercure de France* de janvier 1736 :

« François Procope Couteaux, Sicilien fameux Marchand de Liqueurs, établi vis-à-vis l'Hôtel des Comédiens ordinaires du Roi [NDLR la comédie française], mourut dans la 86e année de son âge, étant né à Palerme en 1651. Peu d'hommes étaient plus généralement connus et plus estimés dans sa profession, à Paris, dans les Provinces, et même dans les Pays étrangers, à cause de sa probité, de l'étendue et de la droiture de son Commerce. Il vint à Paris fort jeune, et peu de temps après l'arrivée de Soliman Aga, Ambassadeur du Grand Seigneur en 1669, lequel fit voir pour la première fois du café à Paris. Le sieur Procope fût un de ceux qui en introduisirent l'usage public dans cette ville, et le premier qui établit dans la Foire S. Germain une Boutique à Café, ornée et embellie, comme on en a vu depuis plusieurs autres à son imitation, en ajoutant au café bien préparé, du thé, du chocolat, et des liqueurs de toute espèce, & c. Laurent Alexandre Procope Couteaux, l'un de ses fils, continue le même Commerce : il est fort habile et très recherché pour les desserts d'apparat et pour tout ce qui regarde l'office, les glaces et les autres liqueurs fraîches et chaudes, & c. Il a deux frères médecins de la Faculté de Paris. »

Difficile donc de dire s'il a réellement introduit les glaces en France où elles étaient déjà présentes. Rien ne dit que ce marchand de liqueurs offrait aussi des glaces même si c'était l'apanage du liquoriste à cette époque-là. *L'Encyclopédie méthodique* de 1784 révèle ceci :

« François Procope-Couteaux, qui le premier, établit en France les lieux appelés cafés & nous fit connaître l'usage des glaces et autres rafraîchissements. Le véritable nom de cette famille, originaire de Palerme en Sicile, est Cuto. François Procope Cuto, en s'établissant à Paris, où des dérangements de fortune l'avaient attiré, avait francisé son nom, & l'avait écrit comme il se prononçait dans sa patrie. À l'égard du nom Procope qui le précède, c'était un nom de baptême, qui par la suite est devenu un nom de famille pour les descendants. »

Quant au nom de famille, l'explication fournie n'est pas en lien avec celle des références du XIXe siècle. Le nom serait Coltelli (couteaux) que certains lui ajoutent la particule dei Coltelli. Alors, Cuto ou Coltelli ? La logique voudrait que Coltelli soit à l'origine du nom Procope Couteaux. Coltelli en italien signifie des couteaux. Cependant, on peut se demander si les auteurs du XIXe siècle n'ont pas fait le chemin inverse. Ils auraient traduit Couteaux pour en déduire Coltelli. On sait combien les historiens de cette époque ont pris souvent des libertés avec la vérité. D'autre part, si le nom d'origine est Cuto, on peut se demander pour quelle raison Couteaux serait au pluriel. Selon certains ouvrages italiens du XVIIIe, Procopio Couteaux n'est associé ni à Cuto ni à Coltelli. De ce fait, on ne sera pas si Couteaux est une traduction littérale ou un ajout pour franciser son nom.

Une fois encore, Marie-Antoine Carême va innover en transformant cette crème anglaise en crème française « collée à la gélatine » comme il est dit à l'époque. La gélatine fait son apparition à la fin du XVIIIe siècle. La préparation est mise sur la glace le temps de la rendre solide. Le produit est ensuite démoulé puis mis sur une assiette.

Il propose une déclinaison de crèmes françaises, dont une à la crème fouettée. Cette dernière est en fait l'équivalent des mousses modernes du pâtissier, soit un mélange de crème anglaise, de crème fouettée et de la gélatine. Carême dit à ce propos :

« L'addition de cette crème fouettée rend la crème française plus aimable encore et infiniment plus moelleuse. »

Carême confectionne aussi les premières crèmes cuites au bain-marie qui génèreront les pots de crèmes et les crèmes renversées. C'est pour masquer les défauts de ces crèmes (les crèmes qui ont un coup de chaleur peuvent donner un produit moins uniforme avec de petits trous) que la crème anglaise devient une sauce pour les recouvrir.

Il introduit aussi la crème plombière qui est une crème anglaise liée à la crème de riz à laquelle on ajoute de la crème fouettée. C'est l'équivalent de la crème légère actuelle que l'on appela dans les années 1980 crème diplomate. L'usage de la crème de riz a la particularité de donner des crèmes plus onctueuses que si l'on utilisait de la fécule de maïs.

Comme je l'ai mentionné, le fromage glacé devient le fromage bavarois. À la crème anglaise, on ajoute du fromage Chantilly et le tout est mis sur la glace avant d'être démoulé. C'est donc une préparation glacée ne contenant pas de gélatine, le froid permet de maintenir la consistance du produit. Cela peut s'apparenter à un parfait glacé.

Carême va structurer et définir les bases des crèmes de la pâtisserie française. Ces crèmes vont accompagner les pâtissiers jusqu'à nos jours.

Dès les années 1830, on ne parle plus uniquement de fromage bavarois, mais aussi de crème bavaroise. Dans l'un comme l'autre, on y introduit de la gélatine, la colle comme il était dit alors. Pourquoi le fromage bavarois s'est-il imposé au-delà de toutes les autres préparations ? C'est sa légèreté, son moelleux, qui a fait son succès. Quant à l'origine de son nom , elle demeure mystérieuse. Au début du XVIIIe siècle, la bavaroise était plutôt une liqueur chaude faite avec une infusion de thé et un sirop de capillaire (les feuilles d'une fougère particulière, dont l'infusion permet de soigner certains maux de gorge et la toux). Il y en a deux sortes : la bavaroise à l'eau et la bavaroise au lait.

Dans les ouvrages de Carême, il est surprenant qu'il n'y ait aucune allusion à la crème au beurre, produite à partir d'une crème anglaise. Nous savons que la crème au beurre a été la crème des pâtisseries françaises principalement au XXe. L'appellation crème beurrée apparaît à la fin du XIXe siècle sous la plume d'Urbain Dubois.

Alors comment se nommait-elle au XIXe siècle ? Contrairement à la crème anglaise et même à la crème pâtissière qui furent parmi les crèmes de base, la crème au beurre était un entremets et prenait le nom de l'ingrédient principal, par exemple la crème à moka pour le gâteau moka. La crème au beurre se nommait aussi crème Quillet lorsqu'elle était réalisée sur un sirop. Cette crème a été brevetée en 1853.

Avant de conclure, j'ajouterais ici mon commentaire à l'égard du débat concernant le nombre de jaunes d'œufs nécessaire à la confection de la crème anglaise. Certains puristes prétendent qu'elle devrait contenir 16 jaunes d'œufs pour un litre de lait. C'est purement arbitraire même si effectivement en dessous d'une certaine quantité de jaunes (inférieur à 8 à 10) l'onctuosité diminue ainsi que la capacité à la crème de napper une cuiller. Je dirais surtout que tout dépend de son usage. D'autant plus que la quantité de jaunes a varié selon les pâtissiers au cours des siècles. Il importe de se rappeler que la crème anglaise était la base de toutes les autres crèmes avant d'être une sauce principalement au XXe siècle

La crème pâtissière

La crème pâtissière est une crème anglaise à laquelle on ajoute de la fécule ou de la farine. À l'origine, elle avait été conçue pour une tarte, la tourte de frangipane. Ainsi, on la nommait la crème de frangipane. Près d'un siècle plus tard, elle est devenue la crème pâtissière (nom générique).

Mais qu'est-ce donc, cette tarte à la frangipane ?

Elle était confectionnée avec pâte feuilletée et sa composition pouvait contenir du sel ou du sucre. Comme toutes les crèmes d'alors, la crème de frangipane comptait des zestes d'agrumes, de la fleur d'oranger, des amandes, des pistaches ou des brisures de macaron. Sa recette a varié en fonction de son utilisation, qui eut cours jusqu'au XIXe siècle.

Frangipane est aussi un parfum qui a enivré les gens, de la fin du XVIIe siècle à celle du XIXe siècle. On associait la frangipane à une fleur dont l'arbre est devenu le frangipanier, à une crème, la crème frangipane, et même à un fruit, la poire de Lansac. Certains linguistes du XIXe siècle ont tenté de trouver des racines latines à frangipane. Je doute que cela soit exact. Cela n'est qu'une construction intellectuelle. Son origine provient du nom d'un marquis, Pompeo Frangipani, qui fut maréchal sous Louis XIII et mourut au combat en 1638, comme le souligne La gazette de France de 1639. Le marquis Frangipani appartenait à une des plus anciennes familles romaines comme l'indique l'Encyclopédie Treccani. Les gants à la frangipane ne sont pas un mythe puisqu'ils sont mentionnés dans les *Mémoires pour l'histoire du cardinal duc de Richelieu* de 1660. *Le Dictionnaire historique et critique*, Tome 2, de Pierre Bayle en révèle un peu plus sur la création de ce parfum. Il est écrit que le marquis Pompeo

Frangipani « inventa la composition du parfum et les odeurs qui retiennent encore le nom de frangipane ». Bayle se réfère au dictionnaire de Gilles Ménage, *Le origine della lingua italiana* de 1685, dans lequel y figure une lettre de l'écrivain Jean-Louis Guez Balzac. Dans cette lettre, il fait mention de ses relations avec le marquis Pompeo Frangipani et les gants de frangipane. Dans le livre The Art of Perfumery, and Methods of Obtaining the Odors of Plants de George William Septimus Piesse paru en 1867, on apprend que la création du parfum frangipane est le fruit de la collaboration du marquis et de son frère cadet. Il est fort probable que le parfum n'ait été vendu que sous la forme de poudre voire de crème.

Le parfum frangipane a pour principal ingrédient la mousse de chêne qui est encore la base de beaucoup de parfums actuels. Le parfum frangipane laisserait échapper des odeurs de vanille, d'agrumes et de jasmin. Pourtant, la mousse de chêne possède davantage un côté boisé et de terres humides. Quel est donc le secret de la frangipane ? Nicolas Lemery, chimiste au XVIIIe siècle, révèle dans : *Nouveau recueil des plus beaux secrets de médecine*, les particularités de la poudre de frangipane :

« Vous prendrez six livres de poudre de fleurs d'orange et six livres de poudre de mousse de chêne, que vous mêlez ensemble; puis vous ferez chauffer le cul du petit mortier et le bout de son pilon assez chaud pour griller la salive; vous y verserez une once d'essence d'ambre et dans le même instant plein la main la susdite poudre, que vous mêlerez bien avec le pilon, y ajoutant de la poudre jusqu'à que le mortier soit plein; ensuite, vous renverserez votre mortier dans un tas, et vous remettrez encore de la même poudre par-dessus, et la tasserez dans une caisse afin que l'odeur ne s'évente pas. »

Dans le *Dictionnaire des ménages, répertoire de toutes les connaissances usuelles* de 1836, Antony Dubourg rapporte une formule plus élaborée comprenant de l'ambrette, du santal citrin, de la fleur d'oranger, de la poudre chypre (mousse de chêne), de la vanille, du sotichet, du baume du Pérou, de l'essence d'ambre, de la bergamote et du calamus aromaticus.

Bien que l'on puisse créer une multitude de crèmes à base d'amandes, de pistaches ou de fleur d'oranger, il est difficile d'imaginer ce que pouvaient goûter ces crèmes du XVIIIe siècle où les saveurs d'amandes, d'agrumes et florales apportent un caractère typé et de riches senteurs. Je me suis improvisé alchimiste et j'ai reconstitué deux formules d'essence pour la pâtisserie qui s'apparenterait au parfum de ces crèmes du XVIIIe siècle. J'attends de rencontrer un parfumeur ou un aromaticien pour leur donner vie.

Au XVIIe, une erreur a fait en sorte que l'essence frangipane en pâtisserie a changé de nom pour la franchipane, et ce, jusqu'au XIXe siècle.

Quant à la crème de frangipane, appelée aussi crème pâtissière, son histoire est des plus surprenante. Tout commence avec la création d'une tourte de frangipane dont l'une des premières recettes se trouve dans l'édition de 1698 du *Cuisinier françois* de Pierre François, sieur de la Varenne. Dans sa recette, il fait cuire du lait et de la farine puis introduit les jaunes, et ensuite ajoute des pistaches, des amandes, du sel et du sucre. Cette crème est déposée sur une abaisse de pâte, feuilletée ou brisée. Ensuite, on la recouvre d'une autre abaisse avant de faire cuire la tourte. Cette tourte peut être faite avec toutes sortes de crème, ce qui signifie que ce n'est point la crème qui est frangipane, mais la tourte. La preuve en est que Francois Massialot dans *Le cuisinier royal et bourgeois* de 1693 fait mention d'une crème « pâtic-cière » pour garnir les tourtes. Cette crème contient des œufs entiers, de la farine, du beurre en quantité suffisante, du sucre et des parfums habituels d'agrumes et de fleur d'oranger. C'est la raison pour laquelle on dit crème de frangipane, et non crème frangipane.

Joseph Menon, dans son ouvrage *La science du maître d'hôtel cuisinier* [...] de 1749, est plus précis :

« Les tourtes à la crème se font, en mettant dans une casserole deux cuillerées de farine, que vous délayez avec des jaunes d'œufs, mouillez avec de la crème, mettez-y du sucre, de l'eau de fleurs d'orange, faites cuire sur le feu, en la tournant toujours. Quand elle est cuite, vous y mettez des amandes pilées, des massepains, du citron vert râpé, trois jaunes d'œufs crus, mêlez tout ensemble. Quand elle sera froide, mettez-la dans la tourte pour la finir comme celle de fruits. Voilà la façon de la tourte de franchipane. »

Plus loin, il apporte une note intéressante concernant la tourte frangipane au café :

« Celle de caffé se fait, en faisant la crème pâtissière très épaisse; vous y mettez une tasse de caffé très forte, que vous délayez dedans avec deux œufs, les blancs fouettés, finissez comme les autres. »

Dans cette citation, l'adjectif «pâtissière» n'est pas utilisé comme qualificatif de la crème, mais plutôt dans le même sens que le complément de nom «pâtisserie» dans «crème de la pâtisserie». Il faut comprendre que la crème pâtissière indique une crème de pâtisserie de manière générique. Elle peut correspondre à n'importe quelle crème. Le fait est qu'à cette époque les crèmes se ressemblent plus ou moins, la différence se joue davantage dans la proportion des ingrédients et des saveurs ajoutées. Dès le début du XIXe siècle, on voit apparaître la crème pâtissière et la crème frangipane qui sont en réalité des versions différentes d'un même produit. Les recettes varient d'un auteur à l'autre avec la présence ou non de divers parfums, d'amandes, de macarons et de blancs d'œufs en neige. Certains livres anglais de l'époque soulignent la relation complexe entre ces deux crèmes. Pour la crème frangipane, il est précisé de prendre une crème pâtissière et d'ajouter du sucre de la fleur d'oranger et de la poudre de macaron. Leur crème pâtissière de base est neutre, sans saveur, sans sucre et contient du beurre.

Crème pâtissière et crème frangipane vont se côtoyer tout au long du XIXe siècle, même si, en réalité, il s'agit presque de la même crème. Les parfums et les amandes ont quasiment disparu. Par contre, la tourte à la frangipane est toujours présente, faite avec de la pâte feuilletée ressemblant à une immense bouchée à la reine. La crème cuit en même temps que la croûte. Jules Gouffé, célèbre cuisinier et pâtissier français, écrira : crème pâtissière dite frangipane. C'est le même Jules Gouffé qui ajoutera à sa crème d'amande de la crème pâtissière pour garnir des gâteaux. Au début du XXe siècle, Auguste Escoffier, va réintroduire à la frangipane la poudre de macaron.

Comme la crème anglaise, ces crèmes sont en quelque sorte des crèmes de base que l'on agrémente à sa guise, et ainsi elles servent à garnir divers produits. Au début du XXe siècle, on assiste à une normalisation de la pâtisserie. Cette standardisation s'accentuera après la Seconde guerre et entraînera une certaine rigidité au nom d'une tradition à mettre en place et à conserver. Toutefois, elle a restreint la réflexion et la liberté de création pendant longtemps avant de nouvelles transformations au début des années 1990 avec l'apparition des mousses où l'on a redécouvert le plaisir d'assembler des crèmes entre elles.

La chantilly

La fameuse chantilly, associée au château de Chantilly, fut nommée fromage à la Chantilly et elle était faite à partir de crème fouettée parfumée et moulée dans un moule à fromage.

Comment en était-on arrivé à fouetter la crème pour quelle mousse ? Pour une fois, Wikipédia met de l'avant une thèse plus ou moins crédible tirée d'un livre italien ancien traduit par Terence Scully, auteur spécialiste d'ouvrages anciens. Cette thèse affirme que la crème fouettée remonterait au XVIe siècle où en Italie elle aurait été appelée neve di latte (neige de lait/snow milk en anglais).

Qu'en est-il en France ? En toute logique, l'appellation française devrait être la traduction du terme en italien ou en anglais, et par conséquent, s'appeler crème en neige. Effectivement, la crème en neige est mentionnée pour la première fois en 1705 dans le livre de François Massialot, *Nouvelle instruction pour les confitures, les liqueurs et les fruits*. Dans cette crème en neige, il y ajoute du blanc d'œuf sans doute pour la stabiliser. Dans le même ouvrage, la crème en roche est la même crème, mais le blanc d'œuf est remplacé par la gomme adragante qui est aussi un stabilisateur. D'ailleurs, l'auteur précise qu'elle peut rester ainsi deux jours sans se déstructurer.

Le terme crème fouettée est sans doute bien plus ancien que nous le croyons. En effet, dans le *Recueil des pièces pour la defense de la reine* de 1643, l'auteur Mathieu de Morgues la décrit comme ceci : un grand plat de crème fouettée, qui est tout en écume, et dressée sur des branches de fenouil. Permettez-moi d'apporter un peu d'humour. Dans la seconde édition du Dictionnaire de l'Académie française — *Le Grand Dictionnaire de l'Académie françoise, dédié au Roy*, on apprend que l'expression crème fouettée a une tout autre signification :

un discours fait de belles paroles et sans substance, ni rien de solide. De nos jours, on dirait d'un tel discours que c'est du vent. Plus surprenant encore, il est dit d'un homme qu'il n'est que crème fouettée lorsqu'il a de belles choses dans l'esprit, mais nulle solidité (frivole).

Comment la crème fouettée devient-elle Chantilly ?

Historiens et pâtissiers ont souvent laissé entendre que le célèbre Vatel, pâtissier-traiteur, a donné naissance à la Chantilly lors d'une soirée donnée par le Grand Condé au château de Chantilly. Mais ne se serait-il pas trompé de Condé ?

Dans *L'art du distillateur liquoriste* de 1819, M. Demanchy écrit :

« Ces mousses de crème sont appelées glaces à la Chantilly parce que feu M. Le Duc y donna une superbe fête ».

Lorsqu'on parle de M. Le Duc, il faut savoir qu'il s'agit de Louis IV Henri de Bourbon, contemporain de Louis XV, et non de Louis II de Bourbon-Condé, dit le Grand Condé, contemporain de Louis XIV.

Mais l'histoire ne s'arrête pas là. Dans *l'Histoire de la vie privée des Français depuis l'origine de la nation jusqu'à nos jours* de Pierre Legrand d'Aussy (tome 3, 1782), on découvre avec surprise et avec un certain bonheur l'histoire de la crème chantilly.

« À la fête que M. le Duc donna en 1720 à Chantilly, le Sr Procope qui était chargé de l'Office imagina & servit des neiges d'espèce nouvelle. C'était une mousse de crème fouettée, qu'on avait glacée ensuite par les procédés ordinaires. Il y en avait de toutes les formes & de toutes les couleurs. Cette nouveauté plut beaucoup ; elle devint de mode à Paris, & y porta le nom de glaces à la Chantilli. Mais, comme beaucoup de gens n'aiment pas la crème fouettée, cette mode passa bientôt ; l'on préféra aux mousses les crèmes, qui sont plus solides ; & le goût pour celles-ci subtil toujours. »

Comment donc expliquer que l'appellation à la Chantilly ait vu le jour en 1720 alors que les liquoristes du XVIIIe la nommaient à la Gentilly ?

En 1751, dans son livre *Le Cannameliste français*, Joseph Gilliers fait allusion au fromage à la Gentilly.

« Fromage à la Gentilly. Prenez deux pintes de crême fraiche, & bien douce ; passez-la par un tamis dans une terrine ; mettez-y du sucre en poudre à votre goût, avec quelques zestes de cédrat, ou sucre de fleur d'orange, ou autre chose, suivant le goût que vous voudrez lui donner ; laissez-la reposer environ une heure au frais, pour que ce que vous y aurez mis puisse y donner du goût ; passez le tout par un tamis sur une autre terrine ; ayez encore une autre terrine, sur laquelle vous mettrez un tamis qui soit sec ; vous commencerez alors à foüetter votre crême en mousse, & fait-à-mesure que vous la verrez mousser, enlevez-en la mousse avec une écumoire de fer-blanc, & la mettez fur votre tamis, pour qu'elle s'égoutte ; continuez ainsi, jusqu'à ce que vous en eussiez assez pour remplir votre moule. Mettez ensuite votre moule à la glace, & le serrez bien de glace. Emplissez votre moule de cette mousse, & la laissez prendre pendant deux heures ; vous le lèverez comme les autres fromages. Il faut observer exactement la méthode d'égoutter votre mousse sur un tamis, car il est certain qu'en levant la mousse, vous enlevez aussi de la crême qui n'est point fouettée, & que si vous la mettiez tout de suite dans vos moules, il s'y formerait des glaçons, ce qui deviendrait fort désagréable. »

Serait-ce une erreur ? J'en doute. On doit comprendre que Gentilly est une appellation, ce qui signifie qu'elle ne désigne pas un produit en particulier, mais divers produits. Preuve en est, il a existé aussi un pain à la Gentilly contenant du beurre. Cela veut-il dire que Gentilly désignait des produits contenant des produits laitiers dont l'origine serait Gentilly ? Difficile à dire. D'autre part, si l'on prête attention à la citation de Pierre Legrand d'Aussy, Chantilly s'écrit Chantilli. Sous cette dénomination, on retrouve aussi du pain de Chantilli antérieur à 1720. Cela signifierait-il qu'il y ait eu aussi une appellation Chantilli

? Si tel est le cas, elle fut marginale, car depuis le XVIIe siècle Gentilly est bien plus présent.

Comment expliquer que Chantilly s'est imposée alors que Gentilly était plus ancrée dans la gastronomie du XVIIIe siècle ? La seule explication est la popularité des livres de recettes de Joseph Menon et de François Marin qui ont choisi de faire référence au fromage à la Chantilly et non à la Gentilly.

Le XIXe siècle abandonne le terme fromage à la Chantilly pour crème à la Chantilly. L'alcool et la vanille vont remplacer la fleur d'oranger et les parfums qui ont pu l'agrémenter. Au XXe siècle, on la nommera crème chantilly, et même simplement chantilly. Au XIXe La crème chantilly devient une base pour compléter d'autres préparations ou pour servir de garniture. De nos jours, la crème chantilly est un dessert à part entière ou d'accompagnement.

Les pets de none ou les pets de putain.

Voici une drôle d'appellation dont le nom fait rire les enfants. Selon les légendes, cette pâtisserie s'appelait pets-de-putain avant la Révolution française. Par la suite, les sans-culottes qui étaient anticléricaux changèrent le nom pour pets-de-nonne. En réalité, les noms de pets-de-nonne et pets-de-putain sont tous deux utilisés bien avant la Révolution.

Les pets-de-putain apparaissent au XVIIe siècle. Elles sont confectionnées avec une pâte, semblable à celle des choux, qui est appelée les « bonnets à passer par la seringue » comme le rapporte Pierre de Lune dans son livre Le cuisinier ou il est traité de la véritable méthode, publié en 1656. C'est une pâte faite d'eau, de farine et de peu de sel. Elle est cuite dans le beurre comme une omelette. Une fois cuite, elle est pilée dans un mortier avec des jaunes d'œufs, ensuite « elle est passée par la seringue en bonne friture, servez avec sucre et eau de senteur ». Elle tranche avec la recette de 1654 de Pierre François la Varenne, qui utilise la méthode primitive des petits choux. Le principe est le même, excepté que la farine n'est pas cuite et le beurre est remplacé par le fromage.

Cependant au XVIIIe siècle, dans le Ducatiana ou Remarques de feu M. Le Duchat, sur divers sujets d'histoire et de littérature, de Jacob Le Duchat, Pierre Bayle et Gilles Ménage, il est indiqué :

«moniales crepitus, dans la signification de ces bignets globulaires, appelez, en François pets de nonne, & qu'aucune autre langue n'appelle d'un nom, qui revienne à cette signification. »

À cette époque, seuls les dictionnaires en font mention, sans qu'aucune recette ne leur soit attribuée. Nous savons seulement que ce sont des beignets. Par contre, moniales (religieux) crepitus (bruit sec) se trouvent dans des ouvrages latins du XVIIe siècle.

Dans l'ouvrage *Éloge du pet, dissertation historique, anatomique, philosophique sur son origine, son antiquité, ses vertus* (1798) de Mercier de Compiègne, on peut lire :

> « les nones ont donné le nom de Pet à une de leurs pâtisseries les plus exquises. Tout le monde connaît les pets-de-nonne, dont les directeurs, les abbés, les pater et les prélats étaient si friands et toujours si bien approvisionnés. Ce Pet est une espèce de croquignolle, un beignet de forme globulaire, appelé en latin : moniales crepitus. »

Cependant, comment expliquer le changement de nom de pets-de-putain à pets-de-nonne ? Les pets-de-putains figurent plus souvent dans les livres du début du XVIIIe siècle alors qu'on trouve les pets-de-nonne plus souvent dans ceux du début du XIXe siècle. Est-ce que le XIXe, plus bourgeois et plus puritain, explique ce changement d'appellation ? Difficile à dire.

La tradition et la pâtisserie

Peut-on parler de tradition en pâtisserie ? Le débat sur la tradition, quel que soit le secteur auquel elle se rattache, ne date pas d'hier. Il oppose le passé au présent et à l'avenir. Évolution et tradition ne sont-elles pas parfois antinomiques ? Pour éclairer le sujet, définissons la tradition. Pour ce faire, j'ai eu recours au texte de Gérard Lenclud, la tradition n'est plus celle qu'elle était…

« La tradition serait un fait de permanence du passé dans le présent, une survivance à l'œuvre, le legs encore vivant d'une époque pourtant globalement révolue. Soit quelque chose d'ancien, supposé être conservé au moins relativement inchangé et qui, pour certaines raisons et selon certaines modalités, ferait l'objet d'un transfert dans un contexte neuf. La tradition serait de l'ancien persistant dans du nouveau. »

La pâtisserie de tradition signifierait qu'un produit se transmet d'année en année jusqu'à nos jours tout en préservant son identité. Cette transmission se produit, que si le produit est reconnu par l'ensemble de la nation. Il est alors partie prenante de la culture française. Cependant, la pâtisserie française a vu ses recettes fluctuer au gré de l'évolution de la société. Dans ce cas, il est légitime de se demander si l'on perpétue encore la tradition. Parfois, seuls le nom d'un produit et sa forme subsistent à travers le temps. Le mille-feuille d'hier réalisé avec des gelées de fruits est aujourd'hui un mille-feuille à la crème. Néanmoins, cela reste un produit étagé réalisé à partir de pâte feuilletée. Dans ce cas, la tradition n'est pas déterminée par la recette.

Qu'est-ce qui définit la tradition ? La recette, la forme, le goût ? Pour répondre à cette question, prenons l'exemple de la brioche. La brioche est l'une des pâtes par excellence de la pâtisserie classique et moderne. Les recettes n'ont presque pas varié jusqu'à la fin du XXe siècle, même si après la Secode Guerre la brioche est devenue sucrée alors qu'elle était toujours salée. La brioche a toujours contenu beaucoup d'œufs, mais jamais de lait. Ce dernier a été introduit au XXIe siècle. La diminution des œufs, compensée par l'ajout de lait, et l'augmentation du sucre dans la brioche actuelle la rapprochent plus de pain au lait et de la brioche industrielle que d'une brioche traditionnelle. Quant à la technique, elle n'a pas toujours été celle que nous utilisons aujourd'hui. Tout au long du XIXe siècle, le beurre était introduit dès le début du pétrissage comme cela se fait encore pour certaines brioches régionales. Au cours du XXe siècle, le beurre a commencé à être mis en fin de pétrissage. Et puis, il y a la forme. La brioche a toujours été une brioche à tête. Elle fut même baptisée brioche parisienne. Quant à la brioche de Nanterre, de forme rectangulaire, la recette n'était pas à l'origine la même brioche que la Parisienne.

Les critères pour qualifier un produit comme appartenant à la tradition sont donc purement subjectifs. Il suffit que le produit porte le nom, ait la bonne forme, soit savoureux et soit parfumé de la manière dont on pense que la tradition l'exige pour que le produit ait l'imprimatur des chantres de la haute gastronomie. D'ailleurs, ces mêmes critères 50 ans plus tôt ou 50 ans plus tard pourraient être jugés moins appropriés. Cependant, depuis le XIXe, il y a une permanence dans la fabrication de ces produits même s'il y a eu une évolution. Les années 2000 sont le début de la déconstruction. La preuve en est, la brioche n'est plus une brioche. Cette fois, il y a une rupture avec la tradition. Ce qui fait dire que la composition de la recette joue un certain rôle, même si les proportions peuvent varier. Une structure et une texture doivent être préservées pour continuer à appeler le produit une brioche. On constate que les critères pour définir un produit de tradition peuvent varier d'un produit à un autre même si la texture joue un rôle important. Reprenons le cas du mille-feuille. Ce qui le définit est le fait d'être un produit étagé dont les couches sont faites d'une pâte friable et craquante bien plus que ce qui se trouve entre les couches. Pour préserver la tradition tout en la faisant évoluer, la technologie joue un rôle fondamental. Elle permet de comprendre comment se structure un produit et se définit sa texture. Elle devrait être au cœur de l'éducation de la pâtisserie afin que le pâtissier puisse faire évoluer les recettes tout en préservant la tradition. Plus encore, il est important que le futur pâtissier connaisse aussi son histoire. S'il ignore ce que furent ses produits et leur cheminement à travers le temps, comment peuvent-ils les préserver et les faire évoluer ?

En Italie, on a normalisé certains produits traditionnels afin de les protéger. C'est le cas du panettone. Même l'industrie est soumise à ces règles. Si je ne suis pas un partisan de la réglementation, elle permet de donner des balises pour conserver l'identité d'une pâtisserie. Cependant, cela ne garantit pas toujours de préserver la texture du produit. Les connaissances du pâtissier restent fondamentales dans le résultat final. Par contre, je crains que toute légifération soit déjà trop tard, les bouleversements de ces vingt dernières années ont modifié profondément la pâtisserie. Dans une telle perspective, il y a un risque que la pâtisserie française devienne de plus en plus un savoir-faire universel, dont les attaches avec la France finiront par disparaître. Les produits de tradition ne survivront alors que grâce à l'industrie comme cela s'est produit pour la biscuiterie française. Plus aucun pâtissier ne produit des biscuits.

Si la pâtisserie veut retrouver ce qui a contribué, pendant plus de deux siècles, à faire d'elle une pâtisserie singulière, innovante et dont leur chef était reconnu pour leur créativité, il faut une véritable révolution. Elle ne pourra plus venir du sommet, où ceux qui y trônent sont confortablement assis. Elle ne pourra se produire que par la base, c'est-à-dire par la formation, qu'il est urgent de réformer. Dans les années 1980, la formation en pâtisserie se déroulait sur 3 ans. Elle comprenait autant la chocolaterie, la glacerie que la confiserie. Vers la fin des années 1990, elle a été morcelée pour la réduire au strict minimum. Sans vouloir revenir sur le passé, il est important que les pâtissiers ne soient plus uniquement des techniciens ou des ouvriers spécialisés, mais puissent comprendre ce qu'ils réalisent. Le temps où les recettes servaient de ligne directrice à l'apprentissage est révolu. Il faut pouvoir comprendre comment se construisent les recettes et comprendre ce qui définit la structure et la texture d'un produit. La pâtisserie ne peut plus se réduire à un travail de reproduction et de production c'est bien plus. Il faut aussi enseigner l'histoire. La pâtisserie française est liée à son identité, ne pas l'enseigner serait une grave erreur. Ce changement de paradigme entraînera, indubitablement, un renouveau de la pâtisserie. Les pâtissiers auront les connaissances et les outils nécessaires pour se détacher de ce qui les liait jusqu'à présent : les recettes. C'est ainsi que demain la pâtisserie française pourra retrouver le chemin de l'innovation et enrichir la tradition. Cependant, il est certain que ce ne sera pas suffisant si la pâtisserie ne réussit pas à dépasser les ego pour unir à nouveau les pâtissiers autour d'une même idée, celle de perpétuer l'identité pâtissière française. Le sort de la pâtisserie est lié à celui de la nation et de sa cohésion et à l'idée de défendre une histoire et des valeurs communes.

Conclusion

Cette traversée historique vous a démontré que l'histoire des pâtisseries va bien au-delà de la gourmandise. Elle parle d'une époque et de ces mœurs. Elle nous informe sur le vocabulaire et la manière dont se forment les mots. Elle permet de saisir l'évolution des habitudes alimentaires en observant les changements que subissent les pâtisseries à travers le temps. La compréhension du passé est essentielle pour celle du présent et pour envisager l'avenir.

Ce périple nous a montré comment la pâtisserie française s'est construite autour de sa capitale Paris, jusqu'à se greffer à la nation et l'accompagner indéfectiblement jusqu'au XXIe siècle. La pâtisserie est entrée dans une nouvelle ère depuis la fin des années 1990. Elle n'appartient plus seulement à la France. Elle est devenue universaliste et élitiste à la manière de la haute couture ou de la joaillerie de luxe. Certainement, les grandes signatures persisteront dans le temps, mais la pâtisserie du «prêt à manger», celle du quotidien, sera de plus en plus industrialisée et l'identité sera diluée dans ce monde marchand mondialisé et indifférencié. Si ces changements sont probablement inéluctables, l'histoire paraît essentielle pour ne pas oublier comment la pâtisserie s'est construite afin de susciter le désir des générations à venir à vouloir bâtir une nouvelle histoire autour d'ambitions communes.